(Keine) Angst vor Inklusion

Waxmann Verlag GmbH
Steinfurter Straße 555, 48159 Münster
info@waxmann.com

Münstersche Gespräche zur Pädagogik

herausgegeben von
William Middendorf

Band 31

Christian Fischer
(Hrsg.)

(Keine) Angst vor Inklusion

Herausforderungen und Chancen
gemeinsamen Lernens in der Schule

Waxmann 2015
Münster • New York

Gedruckt mit Unterstützung des Bistums Münster.

Herausgeberbeirat:
Stephan Chmielus
Christian Fischer
Uta Hallwirth
William Middendorf
Hermann Vortmann

Bibliografische Information der Deutschen Nationalbibliothek
Die Deutsche Nationalbibliothek verzeichnet diese Publikation
in der Deutschen Nationalbibliografie; detaillierte bibliografische
Daten sind im Internet über http://dnb.d-nb.de abrufbar.

Münstersche Gespräche zur Pädagogik, Bd. 31

ISSN 2193-7168
Print-ISBN   978-3-8309-3237-6
E-Book-ISBN   978-3-8309-8237-1

© 2015 Waxmann Verlag GmbH
www.waxmann.com
info@waxmann.com

Umschlaggestaltung: Matthias Grunert, Münster
Satz: Stoddart Satz- und Layoutservice, Münster

Gedruckt auf alterungsbeständigem Papier,
säurefrei gemäß ISO 9706

Inhalt

Christian Fischer

Vorwort zur Dokumentation des 31. Münsterschen Gesprächs zur Pädagogik

(Keine) Angst vor Inklusion
Herausforderungen und Chancen gemeinsamen Lernens in der Schule

Mit der Ratifizierung des Übereinkommens über die Rechte von Menschen mit Behinderungen (UN-Behindertenrechtskonvention) im Dezember 2008 durch den Bundestag mit Zustimmung des Bundesrates[1] hat sich Deutschland grundsätzlich zur Inklusion in der Schule verpflichtet. Die Kultusministerkonferenz legte im Jahr 2011 Empfehlungen zur inklusiven Bildung von Kindern und Jugendlichen mit Behinderungen in Schulen[2] vor. In Nordrhein-Westfalen wurde mit Beginn des Schuljahres 2014/15 der gemeinsame Unterricht von Menschen mit und ohne Behinderung als Regelfall im Schulgesetz für das Land NRW[3] festgeschrieben. Auf dem Papier scheint damit alles weitestgehend geregelt zu sein. Nicht ganz so eindeutig ist die Einschätzung betroffener Schulpraktikerinnen und Schulpraktiker, die oftmals mit Angst vor der Umsetzung von inklusiver Bildung verbunden ist.

Der Dokumentationsband zum 31. Münsterschen Gespräch zur Pädagogik nimmt vor dem Hintergrund der Inklusionsdebatte gemeinsames Lernen in der (Regel-)Schule als Herausforderung und Chance in den Blick. „Wer Inklusion will, sucht Wege – wer sie nicht will, sucht Begründungen", hat Hubert Hüppe, Beauftragter der Bundesregierung für die Belange behinderter Menschen, in seiner Bilanz 2013[4] programmatisch formuliert. Die Münsterschen Gespräche 2014 greifen seinen Impuls gerne auf und versuchen Wege der inklusiven Bildung zu skizzieren. Ansätze dafür bieten Beiträge wissenschaftlicher Pädagoginnen und Pädagogen zu den Stichworten „Potenzialorientierung in der inklusiven Bildung", „Didaktische Konzepte für inklusiven Unterricht", „Neue Ansprüche

---

1   Gesetz zu dem Übereinkommen der Vereinten Nationen vom 13. Dezember 2006 über die Rechte von Menschen mit Behinderungen sowie zu dem Fakultativprotokoll vom 13. Dezember 2006 zum Übereinkommen der Vereinten Nationen über die Rechte von Menschen mit Behinderungen vom 21. Dezember 2008. Berlin.

2   Kultusministerkonferenz (2011). *Inklusive Bildung von Kindern und Jugendlichen mit Behinderungen in Schulen. Beschluss der Kultusministerkonferenz vom 20.10.2011.* Berlin.

3   Schulgesetz für das Land Nordrhein-Westfalen (Schulgesetz NRW – SchulG) vom 15. Februar 2005 (GV. NRW. S. 102), zuletzt geändert durch Artikel 3 des Gesetzes vom 17. Juni 2014 (GV. NRW. S. 336). Düsseldorf.

4   Beauftragter der Bundesregierung für die Belange behinderter Menschen (Hrsg.) (2013). *Bilanz des Beauftragten der Bundesregierung für die Belange behinderter Menschen. 17. Legislaturperiode.* Bonn.

an die Lehrerrolle" und „Anforderungen an Professionalisierungsprozesse". Darüber hinaus werden Konzepte und Hilfen sowie Projekte und Modelle von Schulpraktikerinnen und Schulpraktikern vorgestellt, wie Inklusion, teilweise schon seit Jahrzehnten, praktiziert wird und gelingen kann.

Diesen Aspekten haben sich Wissenschaftlerinnen und Wissenschaftler, Bildungspolitikerinnen und Bildungspolitiker und Schulpraktikerinnen und Schulpraktiker im Rahmen des 31. Münsterschen Gesprächs zur Pädagogik 2014 gewidmet. Im vorliegenden Tagungsband werden nun zentrale Themenfelder der inklusiven Bildung im Hinblick auf die Herausforderungen und Chancen gemeinsamen Lernens in der Schule aus wissenschaftlicher, bildungspolitischer und schulpraktischer Perspektive dokumentiert. Zielgruppen dieser Dokumentation sind vor allem Personen, die für das Gelingen von Unterricht Verantwortung tragen: Schulleiterinnen und Schulleiter, Lehrpersonen aller Schulformen, Erziehungswissenschaftlerinnen und Erziehungswissenschaftler, Bildungspolitikerinnen und Bildungspolitiker, Schulaufsichtsbeamtinnen und Schulaufsichtsbeamte, Schulverwaltungsbeamtinnen und Schulverwaltungsbeamte, Elternvertreterinnen und Elternvertreter sowie die interessierte Öffentlichkeit.

Das 31. Münstersche Gespräch zur Pädagogik fand in Kooperation mit der Akademie Franz Hitze Haus, dem Landeskompetenzzentrum für Individuelle Förderung NRW, der Wissenschaftlichen Arbeitsstelle Evangelische Schule der EKD und der Barbara-Schadeberg-Stiftung am Comenius-Institut vom 3. bis 4. April 2014 statt. Besonderer Dank für die Konzipierung der Tagung gilt Frau Dr. Uta Hallwirth von der Wissenschaftlichen Arbeitsstelle Evangelische Schule der EKD und der Barbara-Schadeberg-Stiftung am Comenius-Institut sowie Herrn Hauptabteilungsleiter Dr. William Middendorf und Herrn Dr. Stephan Chmielus, beide von der Hauptabteilung Schule und Erziehung im Bischöflichen Generalvikariat Münster.

Zudem gilt Frau Elke Surmann M.A. vom Landeskompetenzzentrum für Individuelle Förderung NRW besonderer Dank für die Redigierung und Lektorierung des Tagungsbandes. Frau Daniela Langer vom Waxmann Verlag hat das Buchprojekt sehr engagiert begleitet, wofür ihr herzlich gedankt sei. Ferner sei den Autorinnen und Autoren Frau Prof. Dr. Bettina Amrhein, Frau Marita Determann-Schacht, Frau Kathrin Fels, Herrn Prof. Dr. Christian Fischer, Herrn Norbert Hartmann, Frau Sabine Hettinger, Frau Alice Lennartz, Herrn Dr. William Middendorf, Frau Ilona Ocko, Frau Julia Pappas, Herrn Prof. Dr. Ewald Terhart, Frau Prof. Dr. Annette Textor, Herrn Volkhard Trust, Herrn Marcel Veber und Herrn Jens Wehrmann für die vielfältigen Beiträge gedankt.

William Middendorf

(Keine) Angst vor Inklusion? Herausforderungen und Chancen gemeinsamen Lernens in der Schule – eine Einführung

Der Band der Münsterschen Gespräche zur Pädagogik setzt sich mit den Herausforderungen und Chancen gemeinsamen Lernens in der Schule auseinander, die sich im Kontext des schulischen Auftrags inklusiver Bildung ergeben.[1]

Dieser Bildungsauftrag ist die schulgesetzliche Umsetzung der vom Bundestag mit Gesetz vom 21.12.2008 ratifizierten UN-Behindertenrechtskonvention vom 13.12.2006 auf Landesebene.

Für die sogenannten allgemeinen Schulen (in Abgrenzung zu den Förderschulen) stellt sich hier die Herausforderung eines pädagogisch angemessenen Umgangs mit einer zunehmend heterogenen Lerngruppe, wobei diese Heterogenität sich nunmehr nicht nur auf Merkmale wie Geschlecht, soziales Herkunftsmilieu, Ethnie oder Begabung bezieht, sondern sich auch in dem „Gemeinsamen Lernen"[2] von Kindern mit und ohne Bedarf an sonderpädagogischer Unterstützung ausdrückt.

Dabei ist das Ziel des pädagogisch angemessenen Umgangs mit zunehmender Heterogenität eindeutig: Es gilt, alle Schülerinnen und Schüler entsprechend ihren Lernausgangslagen und Lernmöglichkeiten bestmöglich zu fördern.

Gemeinsames Lernen und Potenzialorientierung

Für Feyerer folgt aus diesem Förderauftrag, dass der Unterricht so zu gestalten ist, dass alle Schülerinnen und Schüler gemäß ihren Voraussetzungen und Möglichkeiten durch entsprechend differenzierte Aufgabenstellungen und Formen offenen Lernens gefordert und gefördert werden.[3]

Eine solche Differenzierung der Lernarrangements und die damit einhergehende Individualisierung des Lernens setzen die Kenntnis der jeweiligen (sonder-)pädagogischen Förderbedarfe und -möglichkeiten der Schülerinnen und Schüler voraus. Notwendig ist deshalb eine Potenzialorientierung, die sich an den Stärken und Entwicklungsmöglichkeiten der Lernenden orientiert, um diese

---

1   Vgl. z.B. Schulgesetz NRW, § 2 (85) Satz 2 und § 20 (3) Satz 1.
2   „Gemeinsames Lernen" wird nachfolgend als feststehender Begriff im Kontext von Lerngruppen verwendet, die sich aus Schülerinnen und Schülern mit und ohne Bedarf an sonderpädagogischer Unterstützung zusammensetzen.
3   Vgl. Feyerer, E. (2011). Inklusion meint mehr als Integration. *Journal für Lehrerinnen- und Lehrerbildung, 4,* 9–18, hier 12.

möglichst optimal individuell zu fördern und zugleich die Vielfalt der Potenziale und bereits vorhandene Fähigkeiten als Ressource für wechselseitiges Lernen zu nutzen.[4]

Die Erhebung der Potenziale besonders der Lernenden mit sonderpädagogischem Förderbedarf erfordert in fachlicher Hinsicht den Einsatz systematischer und strukturierter Unterrichtsbeobachtung[5] sowie formeller Testverfahren und in personeller Hinsicht (möglichst multiprofessionelle) Teamstrukturen, insofern die Qualität der Förderplanung auch davon abhängt, dass die Kompetenzen und Erkenntnisse aller an der Förderung beteiligten Akteure (Regellehrkräfte, Förderschullehrkräfte, ggf. Psychologen usw.) einbezogen werden. In jedem Fall bedarf es zur Ausschöpfung des Potenzials aller Lernenden eines diese Potenziale adaptierenden Unterrichts, der hierzu auf entsprechend differenzierte Strategien und Methoden des Lehrens und Lernens zurückgreifen muss. Nähere Ausführungen zu einer solchen Potenzialorientierung im Kontext inklusiver Bildung enthält der Beitrag von Christian Fischer in diesem Band; konkrete Umsetzungshinweise gibt der Praxisbeitrag von Marcel Veber.

Gemeinsames Lernen als didaktische Herausforderung

Auch der Unterricht selbst steht angesichts der normativen Setzung des Auftrags inklusiver Bildung vor großen Herausforderungen, die sich für die Schulpädagogik im Allgemeinen und die Allgemeine Didaktik sowie die speziellen Didaktiken (Fachdidaktik, Bereichsdidaktik usf.) im Besonderen mit einem Paradigmenwechsel verbinden. Denn bislang waren Schulpädagogik und Sonderpädagogik eher wenig oder gar nicht miteinander verknüpfte Teildisziplinen der Erziehungswissenschaft. Nun gilt es, diesen Dualismus zu überwinden und theoretische Grundlagen und didaktische Leitlinien für einen Unterricht in „inklusiven Lerngruppen" zu entwickeln.

Hierzu kann in einem ersten Schritt eine Art Bestandsaufnahme vorgenommen werden, bei der herkömmliche didaktische Modelle auf ihren Beitrag zur Entwicklung eines didaktischen Konzepts für Unterricht in inklusiven Lerngruppen befragt und auch bisherige Ansätze zur didaktischen Orientierung für Gemeinsames Lernen rezipiert werden. Dieser Aufgabe unterzieht sich Annette Textor in diesem Band.

---

4 Vgl. hierzu auch Fischer, C. (2014). *Individuelle Förderung als schulische Herausforderung*. Hrsg. von der Friedrich-Ebert-Stiftung. Berlin. S. 64.
5 Vgl. zur unterrichtsbegleitenden Diagnostik: Liebers, K. & Seifert, C. (2012). Assessmentkonzepte für die inklusive Schule – eine Bestandsaufnahme. *Zeitschrift für Inklusion, 3*. Verfügbar unter: http://www.inklusion-online.net/index.php/inklusion-online/article/view/44/44 [13.01.2015].

Sie analysiert dabei den Bildungsbegriff Klafkis, untersucht dessen Stellenwert in der Entwicklungslogischen Didaktik Feusers, um dann von der Gemeinsamkeit des Bildungsgehalts und der Differenzierung der Bildungsinhalte Simone Seitz' didaktische Frage nach dem „Kern der Sache" zu plausibilisieren. Nach diesen Betrachtungen stellt sie im Sinne einer Weiterführung als eine „schülerzentrierte Didaktik für inklusive Lerngruppen" das „Bielefelder Modell" vor, das durch die vier Leitprinzipien (1) inklusive Grundhaltungen im Umgang mit Verschiedenheit, (2) förderdiagnostisch abgesicherte Individualisierung, (3) soziale Integration der Lerngruppe und (4) multiprofessionelle Kooperation charakterisiert ist. Diese Leitprinzipien sind als einzelne und in ihrem Verhältnis zueinander didaktisch wohl begründet und bilden insofern eine gute Grundlage für die Entwicklung weitergehender (fach-)didaktischer Konzepte.

Solche eher theoriegeleiteten Modelle und Konzepte bieten wertvolle Orientierung für das berufliche Handlungsfeld Unterricht, müssen aber auf der operativen Ebene des konkreten Unterrichtens durch praxisorientierte Umsetzungskonzepte ergänzt werden. Dies gilt besonders für die sonderpädagogischen Förderschwerpunkte „Lernen" sowie „emotionale und soziale Entwicklung", die mit dem Förderschwerpunkt „Sprache" dem Bereich der Lern- und Entwicklungsstörungen zugeordnet sind. Denn anders als bei einem sonderpädagogischen Unterstützungsbedarf aufgrund von Sinnesschädigungen oder körperlichen Beeinträchtigungen kommt es bei der Förderung des Lernens sowie der emotionalen und sozialen Entwicklung weniger auf den Einsatz technischer und praktischer Hilfen an, sondern in entscheidender Weise auf professionelles Lehrerhandeln.

Im Hinblick auf das Gemeinsame Lernen von Schülerinnen und Schülern mit und ohne Lernbeeinträchtigung besteht die besondere didaktische Herausforderung in einem zieldifferenten Unterricht, der die Schülerinnen und Schüler mit dem Förderschwerpunkt „Lernen" zu eigenen Abschlüssen führt. Dementsprechend ist diese Zieldifferenz für alle Phasen des Unterrichts zu beachten, unabhängig davon, ob sie eher durch selbstgesteuertes, kooperatives oder lehrerzentriertes Lernen geprägt sind.

In der Schulpraxis wird hier für Phasen eher selbstgesteuerten Lernens auf Konzepte wie das Lernbüro oder Lernlandschaften[6] und damit auf die Möglichkeiten offener Lernformen wie z.B. Planarbeit zurückgegriffen. Mithilfe differenzierter Medien/Materialien und Aufgabenstellungen lernen die Schülerinnen und Schüler entsprechend ihren jeweiligen Lernvoraussetzungen und -potenzialen möglichst selbstgesteuert. Für die Lernenden mit sonderpädagogischem Förderbedarf knüpfen die Lernarrangements an die individuellen Förderpläne an, die aufgrund der Ergebnisse von zuvor durchgeführten Förderdiagnosen erstellt

---

6   Vgl. etwa Reich, K. (2014). *Inklusive Didaktik*. Weinheim u.a.: Beltz. S. 216–225.

worden sind. Diese Lernarrangements sollten dabei so gestaltet sein, dass sie den Lernenden eine Rückmeldung über den jeweiligen Lernentwicklungsstand erlauben. Hierzu eignen sich etwa sog. Kompetenzraster, die in Form tabellarischer Einschätzungsraster auf verschiedenen Kompetenzstufen „Ich kann …"-Statements formulieren, die es den Lernenden ermöglichen sollen, ihren Lernertrag mit den formulierten Kompetenzen in Beziehung zu bringen.[7] Konkrete Erfahrungen einer inklusiven Schule mit der Lernbüroarbeit stellt Volkhard Trust in seinem Beitrag für diesen Band vor.

Neben Phasen selbstgesteuerten Lernens bleiben Phasen des kooperativen Lernens und des eher lehrerzentrierten Unterrichts notwendig. Da beim Kooperativen Lernen[8] wegen der positiven Interdependenz das Gruppenergebnis vom jeweiligen Teilergebnis jedes Gruppenmitgliedes abhängt, kann durch Anspruchsdifferenzierung der mit diesen Teilergebnissen korrespondierenden Aufgabenstellungen auch unterschiedlichen Lernausgangslagen Rechnung getragen werden. Die Arbeitsergebnisse von Schülerinnen und Schülern mit Lernbeeinträchtigung sind damit ebenso unverzichtbar für das Gesamtergebnis der Gruppe wie die Arbeitsergebnisse der übrigen Gruppenmitglieder. In Phasen eines eher lehrerzentrierten Unterrichts z.B. für die Erarbeitung fachsystematisch geprägter und sachlogisch strukturierter Unterrichtsinhalte erscheint der Einsatz eines Lehrerteams möglichst in Verbindung mit einer ergänzenden Raumnutzungsmöglichkeit unumgänglich. Hier ist das didaktische Engagement auf die Bereitstellung entsprechender Ressourcen angewiesen.

Für das Gemeinsame Lernen von Schülerinnen und Schülern mit und ohne Bedarf an sonderpädagogischer Unterstützung im Schwerpunkt emotionale und soziale Entwicklung ist zunächst ein effektives Classroom-Management[9] unverzichtbar, das neben einem gut strukturierten und adressatengerechten Unterricht klare und nachvollziehbare Orientierung für das Verhalten im Schulalltag gibt, über Rituale Sicherheiten bietet, Entwicklungsrisiken präventiv entgegenwirkt und durch eine sowohl wertschätzende und akzeptierende Haltung gegenüber dem Lerner als auch durch eine diesem gegenüber professionelle Distanz geprägt ist. Denn die in ihrem Erleben und sozialen Handeln beeinträchtigten Schülerinnen und Schüler fallen äußerlich zumeist dadurch auf, dass sie gegen elementare Regeln im Umgang mit Mitmenschen, gegen Normen der Klasse und der Schule verstoßen oder sich ängstlich zurückziehen, in Passivität verharren, kein Zutrauen zu sich selbst haben und oft an Angeboten des selbstständigen

---

7   Vgl. Saldern von, M. (2011). *Schulleistung 2.0: Von der Note zum Kompetenzraster.* Norderstedt: Books on Demand.
8   Vgl. Green, N. & Green, K. (2005). *Kooperatives Lernen im Klassenraum und im Kollegium. Das Trainingsbuch.* Seelze: Kallmeyer.
9   Vgl. z.B. Claßen, A. (2013). *Classroom-Management im inklusiven Klassenzimmer: Verhaltensauffälligkeiten vorbeugen und angemessen reagieren.* Mülheim an der Ruhr: Verlag an der Ruhr.

Lernens scheitern. Für dieses Verhalten kommen unterschiedliche (soziale, aber auch medizinische) Ursachen in Frage; dementsprechend differenziert sind auch die über ein effektives Classroom-Management hinausgehenden pädagogischen und didaktischen Strategien, die sich an der diagnostizierten Beeinträchtigung dieser Lernenden und ihrem Förderbedarf orientieren.[10] Allerdings kann der Förderbedarf der Schülerinnen und Schüler mit emotionaler und sozialer Beeinträchtigung auch ein solches Maß annehmen, dass Gemeinsames Lernen nicht mehr möglich ist, die Beschulung also in anderer Form erfolgen muss. Ein Modell ist hier das Konzept der Villa Interim in Münster. Die Villa Interim versteht sich als Kooperationsprojekt von Schule und Jugendhilfe, bei dem ein multiprofessionelles Team (Regellehrkräfte, Sonder- und Sozialpädagogen, Psychologen) mit einem differenzierten Fördersystem in einer ritualisierten und rhythmisierten Lernzeit Kompetenzen der Lernenden im Bereich der Selbst- und Fremdeinschätzung sowie die Schulmotivation stärkt, um dann möglichst über ein Rückkehrkonzept die schulische Wiedereingliederung zu erreichen. Kathrin Fels und Norbert Hartmann stellen das Konzept in ihrem Beitrag für diesen Band vor.

Gemeinsames Lernen: Rolle und Professionalität der Lehrkräfte

Die mit Gemeinsamem Lernen und inklusiver Bildung verbundene Herausforderung an Lehrkräfte hat nicht nur eine didaktische Dimension, sondern betrifft die Lehrerrolle insgesamt. So stellt sich zunächst die Frage nach der Grundhaltung im Umgang mit Verschiedenheit und dem Auftrag inklusiver Bildung. In einem traditionell eher durch Schulformen und damit vom Gedanken einer möglichst homogenen Schülerschaft geprägten Schulsystem ist offenbar auch die Mentalität vieler Lehrkräfte vom Wunsch nach Homogenität (sowohl der Lerngruppe als auch der Erziehungsvorstellungen der Eltern) bestimmt.[11]

Der Prozess der schulischen Inklusion verlangt dagegen eine Weiterentwicklung bzw. Veränderung des professionellen Selbstverständnisses und der Rolle von Lehrkräften. Als wichtiges Kriterium einer entsprechenden Professionalität kann die Kooperation von Regellehrkräften mit Förderschullehrkräften und anderen Fachkräften (interprofessionelle Kooperation) wie auch die mit anderen Regellehrkräften (intraprofessionelle Kooperation) betrachtet werden. Zum ei-

---

10 Vgl. Landesinstitut für Schule und Medien Berlin-Brandenburg (Hrsg.) (2008). *Sonderpädagogische Förderung in den Berliner Schulen. Teil 4: Förderung im Bereich der emotionalen und sozialen Entwicklung.* Berlin.

11 Vgl. hierzu auch Tillmann, K.-J. (2005). Soziale Herkunft – Bildungserfolg – Lebenschancen. Das Beispiel Deutschland. In H. Avenarius, E. Klieme, K. Klemm & J. Roitsch (Hrsg.), *Bildung: Erforschen – Gestalten – Erlesen. Beiträge zur Schulentwicklung.* München: Luchterhand.

nen ist die Kooperation mit Förderschullehrkräften und anderen inklusive Bildung unterstützenden Fachkräften eine Gelingensbedingung für einen angemessenen Umgang mit zunehmender Heterogenität. Zum anderen erfordern der Prozess der Ausbildung eigener Professionalität und die effektive Mitwirkung der einzelnen Lehrkraft an der systemischen Schulentwicklung im Kontext von Inklusion ein hohes Maß an Reflexionsfähigkeit zur Evaluation der Wirksamkeit eigenen beruflichen Handelns. Denn eine effektive Evaluation kann nicht nur auf Basis subjektiver Erfahrungen und persönlicher Intuition erfolgen, sondern setzt den kritisch-konstruktiven Austausch auf der kollegialen Ebene ebenso voraus wie die Aneignung evaluativer Instrumente.[12]

Dass in diesem Zusammenhang der Schulleitung eine tragende Rolle zukommt, um die für gelingende Kooperation erforderliche Vernetzung der schulischen Akteure zu ermöglichen und zu fördern, verdeutlicht der Beitrag von Alice Lennartz und Jens Wehrmann in diesem Band.

Die Fähigkeit zu effektiver Kooperation wird so zu einer Grundvoraussetzung für professionelles Lehrerhandeln in der inklusiven Schule und die Wahrnehmung einer inklusionsorientierten Lehrerrolle.[13] Dabei werden die bisherigen den Rollenträgern zugeschriebenen Aufgaben wie etwa Unterrichten, Beraten, Diagnostizieren, Kooperieren, Innovieren und Evaluieren nicht obsolet, sie werden vielmehr entsprechend dem Auftrag inklusiver Bildung ausdifferenziert und substantiiert sowie um inklusionsorientierte Anforderungen ergänzt.

Diese betreffen zum einen eine auf einem entsprechenden Menschenbild basierende aufgeschlossene Haltung zum Anliegen der gesellschaftlichen und schulischen Inklusion und dementsprechend eine Sicht auf die Diversität der Lernenden, die diese wertschätzt und als eine „Ressource" versteht, die Lernmöglichkeiten erweitert und als Chance für Schule und Gesellschaft begreift.

Gefordert ist zum anderen die Beherrschung effektiver Strategien des Unterrichtens in heterogenen Lerngruppen zur Förderung fachlichen, sozialen und emotionalen Lernens aller Lernenden.[14]

Für weitergehende Erläuterungen und vertiefende Betrachtungen zur Rolle der Lehrkräfte an inklusiven Schulen sei an dieser Stelle auf den Beitrag von Bettina Amrhein in diesem Band verwiesen.

---

12 Vgl. Marty, A. (2014). Zur Bedeutung der Autonomie und den unterschiedlichen Expertisen in der Kooperation zwischen Regel- und Sonderpädagogischen Lehrpersonen. *Schulpädagogik heute, 10*. Verfügbar unter http://schulpaedagogik-heute.de/index. php/sh-zeitschrift-10-14/praxisbeitraege/473-zur-bedeutung-der-autonomie-und-den- unterschiedlichen-expertisen-in-der-kooperation-zwischen-regel-und-sonderpaedagogi schen-lehrpersonen [13.01.2015].

13 Vgl. auch Seitz, S. (2011). Eigentlich nichts Besonderes – Lehrkräfte für die inklusive Schule ausbilden. *Zeitschrift für Inklusion, 3*.

14 Vgl. Europäische Agentur für Entwicklungen in der sonderpädagogischen Förderung (Hrsg.) (2012). *Inklusionsorientierte Lehrerbildung. Ein Profil für inklusive Lehrerinnen und Lehrer*. Odensee, Dänemark. Verfügbar unter http://www.european-agency.org/pub lications/ereports/te4i-profile/Profile-of-Inclusive-Teachers-DE.pdf [13.01.2015].

Das hier skizzierte Professions- und Rollenverständnis führt zu Anforderungen an die Professionalisierungsprozesse im Kontext des Umgangs mit Heterogenität, aber auch zu der Frage, inwieweit die mit diesen Prozessen angestrebte „Heterogenitätskompetenz" angesichts schulpraktischer Rahmenbedingungen realistisch ist. So weist Terhart in seinem Beitrag für diesen Band auf die Gefahr hin, dass diese „Heterogenitätskompetenz" inhaltlich auf ein „normativ-idealistisches", aber „strukturell überforderndes Lehrerleitbild" zurückfalle.

Nicht hilfreich seien daher lediglich abstrakte Appelle an die Berufsmoral der Lehrkräfte; für entscheidend hält er vielmehr „die durch Selbstreflexion individuell und kollegial verarbeitete eigene berufliche Erfahrung, die sowohl das Wissen, die Haltungen als auch das Können mit Blick auf Heterogenität weiterentwickelt." Hier plädiert er klar für das eigene Lernen im Beruf und eine systematische Lehrerweiterbildung. Für deren Wirksamkeit hält er mit Altrichter die Entwicklung und Bereitstellung von Unterstützungsangeboten zur Aufgabendifferenzierung, zu fachdidaktisch fundierten Diagnoseinstrumenten, zur individualisierten Dokumentation der Lern- und Leistungsentwicklung des einzelnen Lerners und zur Rhythmisierung des Schulalltags zur Förderung einer produktiven Lernkultur für geboten. Dabei sollte überlegt werden, wie weit auf „welche Dimension von Heterogenität realistischerweise" eingegangen werden solle und könne und wo „demgegenüber eher ein vereinheitlichendes Verfahren" zu wählen sei, um eine Überforderung zu vermeiden.

Für die erfolgreiche Umsetzung des schulischen Auftrags der inklusiven Bildung ist nach Terhart die Lehrerweiterbildung bedeutsamer als die weniger nachhaltige Erstausbildung der Lehrkräfte, zumal diese erst nach 10 bis 15 Jahren in der Schule Wirkung entfalte.

Gleichwohl sind auch für die Erstausbildung der Lehrkräfte Konsequenzen angezeigt. Diese betreffen im Studium die Schulpraktika, die erste praktische Erfahrungen und reflektierte Auseinandersetzung mit Gemeinsamem Lernen eröffnen sollten. In den pädagogischen und fachdidaktischen Lehrveranstaltungen zu Schule und Unterricht sollte die Auseinandersetzung mit zentralen Fragen der Schulentwicklung im Kontext inklusiver Bildung, den sonderpädagogischen Förderschwerpunkten (einschließlich Grundlagen der pädagogischen Diagnostik und der Förderplanung) sowie (Fach-)Methoden des Unterrichts zur individuellen Förderung in heterogenen/inklusiven Lerngruppen obligatorisch sein.[15]

Auf diese Anforderungen der inklusiven Schule an die Lehrerprofessionalität haben Lehreraus- und -weiterbildung reagiert, wenn auch in einem noch nicht hinreichenden Maße. So zeigt eine explorative Studie von Sawalies et al.[16] aus

---

15 Vgl. auch Amrhein, B. (2011). Inklusive LehrerInnenbildung – Chancen universitärer Praxisphasen nutzen. *Zeitschrift für Inklusion, 3.*
16 Sawalies, J. et al. (2013). Inklusionspädagogik in der ersten Phase der Lehrerbildung. Eine explorative Studie zu Stand und Unterschieden universitärer Lehrangebote für die

dem Jahr 2013, dass „inklusive Studienangebote" in der Lehrerausbildung der Universitäten durchaus verbreitet sind. Allerdings werden unter „inklusive Studienangebote" all solche Lehrveranstaltungen subsumiert, die mindestens einen Heterogenitätsaspekt thematisieren. Demgegenüber ist in der ersten Phase der Lehrerausbildung die systematische Auseinandersetzung mit Fragen des Gemeinsamen Lernens im Rahmen eines eigens konzipierten Moduls für Inklusionspädagogik noch kein Standard, auch wenn sich hier Entwicklungen abzeichnen. So hat etwa die Universität Münster mit Ordnung vom 21.02.2014 ein Pflichtmodul „Sonderpädagogik" für den Masterstudiengang der Lehrämter an Grundschulen sowie an Haupt-, Real- und Gesamtschulen (Sekundarstufe I) verpflichtend vorgeschrieben. Für das Lehramt an Gymnasien/Gesamtschulen ist laut Ordnung gleichen Datums indes (noch) kein entsprechendes Modul vorgeschrieben.[17] Eine zweite große Universität mit dem Schwerpunkt Lehrerausbildung, die Universität Bielefeld, hat im Herbst 2014 eine Professur für Erziehungswissenschaft mit dem Schwerpunkt Didaktik und Schulentwicklung im Kontext von Inklusion eingerichtet (das Besetzungsverfahren läuft derzeit). Bereits seit einigen Jahren besteht die Professur für Sonderpädagogik mit dem Schwerpunkt Heterogenität, die u.a. für die inklusionspädagogische Basisqualifizierung von Studierenden aller Lehrämter für allgemeine Schulen zuständig ist. Für das Lehramt an Grundschulen bietet die Universität Bielefeld den Studienschwerpunkt Integrierte Sonderpädagogik an; für Schulen der Sekundarstufe I ist ein entsprechendes Angebot im Aufbau. Entsprechendes bietet auch die Universität Siegen an. Noch einen Schritt weiter geht die Universität Bremen. Sie bietet mit dem Studienfach „inklusive Pädagogik" die Möglichkeit der Doppelqualifizierung für die Lehrämter Sonderpädagogik und Grundschule.[18] Auch für die Lehrerausbildung ist der Bildungsauftrag des Gemeinsamen Lernens also ein sukzessiver Prozess.

Im Bereich der Lehrerweiterbildung (Nachqualifizierung, Zertifikatskurse) und -fortbildung sind in erster Linie die Maßnahmen des für die Schulpolitik verantwortlichen Landes und ergänzend die Maßnahmen weiterer einschlägiger Träger der Lehrerfortbildung zu betrachten.

Das nordrhein-westfälische Schulministerium hat hier zwei umfängliche Maßnahmen durchgeführt, nämlich zum einen die Qualifizierung von rund 300 Lehrkräften in 208 Fortbildungsstunden zu Moderatorinnen und Moderatoren zur Unterstützung inklusionsorientierter Schulentwicklungsprozesse. Zum anderen sollen seit 2013 in zehn jeweils 18 Monate dauernden Ausbildungstranchen

---

Regelschullehrämter. *Schulpädagogik heute, 8.* Verfügbar unter http://www.schulpaedago gik-heute.de.

17 Vgl. Universität Münster (Hrsg.) (2014). Amtliche Bekanntmachungen Nr. 10, ausgegeben am 5. März 2014, S. 558–617. Verfügbar unter: http://www.uni-muenster.de/imperia/md/content/wwu/ab_uni/ab2014/ausgabe10/gesamt_mit_db.pdf [13.01.2015].

18 Vgl. http://www.fb12.uni-bremen.de/de/studium/inklusive-paedagogik/studium/inklusi ve-paedagogik-ba.html [13.01.2015].

je bis zu 250 Lehrkräfte berufsbegleitend eine Lehramtsbefähigung in der sonderpädagogischen Fachrichtung „Lernen" oder „emotionale und soziale Entwicklung" erwerben.[19] Auf diese Weise werden im Laufe der Zeit einerseits immerhin bis zu 2.500 Lehrkräfte an allgemeinen Schulen nachqualifiziert; andererseits ist dies angesichts von über 130.000 Lehrkräften an allgemeinen Schulen (ohne Berufskollegs) im Land Nordrhein-Westfalen gleichwohl eine begrenzte Maßnahme. Ergänzt werden diese Qualifizierungsmaßnahmen durch einzelne inklusionsorientierte Fortbildungsveranstaltungen der Bezirksregierungen und der beiden Kirchen als große Ersatzschulträger.[20] Exemplarisch sind hier die Aktivitäten des regionalen Fortbildungszentrums der Bezirksregierung Münster am Standort Stift Tilbeck in der Nähe von Münster, die Marita Determann-Schacht und Ilona Ocko in ihrer Übersicht in diesem Band darstellen.

Good Practice vor Ort: Von Vorbildern lernen

All diese auf eher zentraler Ebene durchgeführten Maßnahmen leisten einen wichtigen Beitrag zur Förderung des Gemeinsamen Lernens an allgemeinen Schulen, gleichwohl erreichen sie schon aus quantitativen Gründen nicht die Gesamtheit der Schulen in einer systematischen Weise. Sie können daher die dezentralen Aktivitäten der Schule und ihres Umfeldes nur ergänzen. Die einzelne Schule kann sich dabei an Good-Practice-Beispielen orientieren, wie sie in diesem Band von Sabine Hettinger und Julia Pappas mit Blick auf das Projekt inklusionsorientierte Schulentwicklung des Evangelischen Schulwerks Baden-Württemberg sowie von Volkhard Trust im Zusammenhang mit der Matthias-Claudius-Schule in Bochum vorgestellt werden.

So zeigen die Ergebnisse der Schulen des Projekts des Evangelischen Schulwerks, wie wichtig neben projektbezogenen Fortbildungen eine Prozessbegleitung durch erfahrene Schulentwicklungsmoderatoren ist, um z.B. effektive Arbeitsstrukturen für notwendige Konzeptentwicklungen, schulübergreifende Vernetzungen zur Erzielung von Synergieeffekten oder Phasen wirksamer Reflexion eigener Arbeitsprozesse zu fördern.

Wie sehr gelingende schulische Inklusion bei aller Anerkennung der Notwendigkeit hinreichender Ressourcen auch eine Frage der Haltung und des Engagements der einzelnen Schule, ihrer Lehrkräfte, Eltern und Schüler/innen ist, zeigt die Entwicklung der Matthias-Claudius-Schule, die seit fast 30 Jahren

---

19 Vgl. hierzu Ministerium für Schule und Weiterbildung des Landes Nordrhein-Westfalen (Hrsg.). *Schule NRW. Amtsblatt des Ministeriums für Schule und Weiterbildung. Sonderausgabe Inklusion.* Düsseldorf.
20 So wird etwa das von den fünf NRW-Bistümern getragene Institut für Lehrerfortbildung inklusionsorientierte Kompaktkurse für mit Aufgaben der Schulentwicklung beauftragte Lehrkräfte durchführen.

inklusionsorientiert arbeitet und heute als eine Grundschule und Gesamtschule verbindende Ganztagsschule allein in der Sekundarstufe I rund 160 Schülerinnen und Schüler mit sonderpädagogischem Förderbedarf hat. Durchgängige Klassenlehrerteams aus Regel- und Sonderschullehrkraft, für jeden Klassenraum einen Ergänzungsraum sind (inzwischen) eine hilfreiche Ausstattung für die Gestaltung eines schulischen Inklusionsprozesses, der schrittweise gelingt, aber auch Grenzen kennt.

Geboten ist eine dem Anliegen der Inklusion positiv gegenüberstehende Grundhaltung aller schulischen Akteure, die sich mit Augenmaß für die möglichen nächsten Schritte und die Bereitschaft, diese Schritte auch engagiert zu gehen, verbindet.

Dass dabei die Schule auch vor Ort wirksame Unterstützung erfahren kann, zeigt der Beitrag von Alice Lennartz und Jens Wehrmann in diesem Band über Erfahrungen im Kreis Warendorf. Mit Hilfe eines regionalen Netzwerks, das unter Einbeziehung kommunaler Akteure wie Jugendhilfeeinrichtungen, Sportvereinen, Ausbildungsbetrieben usw. den inklusionsorientierten Schulentwicklungsprozess unterstützt, wird dieser Teil einer entsprechenden Gemeindeentwicklung.

Ausblick

Die Umsetzung des Auftrags der Inklusion von Schülerinnen und Schülern mit und ohne Bedarf an sonderpädagogischer Unterstützung ist ein Prozess, der Zeit, aber auch beharrliches Engagement zur Entfaltung zunehmender Wirksamkeit erfordert. Die Beiträge in diesem Band markieren zentrale Herausforderungen dieses Prozesses, geben aber auch Impulse und Orientierung für dessen Bewältigung. Gerade die Praxisbeiträge in diesem Band lassen deutlich werden, dass eine engagierte Haltung im Sinne inklusiver Bildung eine notwendige Gelingensbedingung für diesen Prozess ist. Dass ein solcher Prozess zudem professionell und mit hinreichender Ressourcenausstattung gestaltet werden muss, ist evident. An dieser professionellen Gestaltung müssen viele mitwirken, Lehrkräfte und Lehrerbildung, Wissenschaft (Theorie- und Modellbildung, aber auch und insbesondere Erforschung und Begleitung schulischer Praxis), Schulträger und Schulpolitik (insbesondere Ressourcen und bildungspolitisches Augenmaß für das Mögliche).

Nicht zu vergessen ist, dass der Prozess schulischer Inklusion nur Teil eines Prozesses der gesellschaftlichen Inklusion ist. Die Adressierung des Appells der inklusiven Bildung an Schule ist richtig, die übrigen Akteure in dem Prozess dürfen jedoch bei dieser Adressierung nicht exkludiert werden.

Gemeinsames Lernen in der Schule – Systematische Perspektiven

Christian Fischer

Potenzialorientierter Umgang mit Vielfalt
Individuelle Förderung im Kontext Inklusiver Bildung

1.   Einführung

Das deutsche Schulsystem steht aufgrund gesellschaftlicher Veränderungen vor zentralen schulstrukturellen Herausforderungen im Umgang mit Diversität und Inklusion. Im Rahmen eines umfassenden Inklusionsverständnisses (z.B. Deutsche UNESCO-Kommission, 2014), das verschiedene Heterogenitätsdimensionen (wie z.B. Geschlecht, Behinderung, Begabung, Sprache, Kultur) erfasst, wird ein potenzialorientierter Umgang mit der Vielfalt der Schülerinnen und Schüler zunehmend bedeutsam. Mit der Ratifizierung der UN-Behindertenrechtskonvention (UN-BRK, 2009) hat sich Deutschland der herausfordernden Aufgabe verpflichtet, ein inklusives Bildungssystem zu gestalten. Der der UN-Konvention zugrunde liegende Anspruch ist zwar ein gesamtgesellschaftlicher, findet aber vor allem in Regelschulen, die demnach alle Kinder aufnehmen müssen, Verwirklichung. Zwischen 2000 und 2010 hat sich der Schüleranteil mit sonderpädagogischem Förderbedarf, der integrativ in sonstigen allgemeinbildenden Schulen unterrichtet wird, bereits verdoppelt (Klemm, 2013). Für das Land Nordrhein-Westfalen wurde mit Beginn des Schuljahres 2014/15 der gemeinsame Unterricht von Kindern mit und ohne Behinderung als Regelfall im Schulgesetz (SchulG NRW, 2014) festgeschrieben. Überdies nimmt im deutschen Bildungssystem der Anteil von jüngeren Menschen mit Migrationshintergrund an der gleichaltrigen Bevölkerung kontinuierlich weiter zu (Autorengruppe Bildungsberichterstattung, 2014). Zudem zeichnet sich mit Blick auf den demografischen Wandel in den Strukturreformen des Sekundarbereichs ein Trend zur Zweigliedrigkeit ab, sodass als Alternative zum Gymnasium zunehmend „neue Schulformen" entstehen, die die Schülerklientel nicht nur von Haupt- und Realschulen integriert unterrichten. Mit der steigenden Übergangsquote zum Gymnasium nimmt auch an dieser Schulform die Vielfalt der Schülerinnen und Schüler stetig zu (Fischer, 2014).

Auch vor dem Hintergrund der internationalen Schulvergleichsstudien (z.B. PISA, IGLU, TIMSS) gewinnt der potenzialorientierte Umgang mit der Vielfalt der Schülerinnen und Schüler zunehmend an Bedeutung, zumal es dem deutschen Schulsystem offensichtlich nicht hinreichend gelingt, vor allem den herkunftsbedingten Differenzen der Kinder und Jugendlichen adäquat zu begegnen. Genereller Bedarf besteht dabei etwa im Hinblick auf die Identifizierung der individuellen Unterstützungsbedürfnisse und auch in Bezug auf die angemessene Differenzierung in Unterrichtssettings (z.B. niveaudifferenzierte Materialauswahl, bedarfsorientierte Gruppenbildung) (Baumert et al., 2001; Bos et al., 2003). Dabei zeigen die PISA-Befunde zwischen 2000 und 2009 positive Veränderungen im Lesen wie in der Mathematik vor allem in leistungsschwächeren Gruppen, wogegen die Anteile der leistungsstärkeren Schülerinnen und Schüler, die die höchsten Kompetenzstufen erreichen, in beiden Domänen stagnieren (Klieme et al., 2010). So belegen die aktuellen TIMSS- und PISA-Studien (z.B. Bos et al., 2012a; Prenzel et al., 2013) nach wie vor die Erfordernis gezielter Unterstützung von Kindern und Jugendlichen auf den unteren Kompetenzstufen, aber auch die Notwendigkeit des Ausbaus der Anteile von Schülerinnen und Schülern auf den oberen Kompetenzstufen. Erstere Gruppen umfassen insbesondere Schülerinnen und Schüler aus benachteiligten sozialen Lagen bzw. mit Migrationshintergrund, während sich letztere Gruppen nicht zuletzt auf Kinder und Jugendliche mit besonderen Begabungen und Talenten beziehen. In diesem Kontext zeigt sich in den Verbesserungen der Studienergebnisse, dass das deutsche Bildungssystem durchaus schon über eine ausgeprägte Förderkultur für leistungsschwächere Kinder verfügt, jedoch noch keine hinreichende Forderkultur für potenziell leistungsstärkere Kinder aufweist (Bos et al., 2012b; Wendt et al., 2013).

Daher gilt es, die Potenziale aller Kinder und Jugendlichen frühzeitig zu erkennen und individuell zu fördern (Arbeitsstab Forum Bildung, 2001) und gemäß der UN-Behindertenrechtskonvention (2009) auch Menschen mit Beeinträchtigungen ihre Persönlichkeit und Begabungen voll zur Entfaltung bringen zu lassen. Neben der interpersonalen Heterogenität gilt es auch die intrapersonale Diversität etwa von begabten Kindern mit Lernbeeinträchtigungen oder talentierten Jugendlichen aus sozial benachteiligten Lagen im Sinne der Inklusiven Bildung zu berücksichtigen. Vor diesem Hintergrund hat die Individuelle Förderung mit dem Anspruch, die Forder- und Förderangebote der Schule an die Forder- und Förderbedürfnisse des Kindes anzupassen, auch im Kontext Inklusiver Bildung eine zentrale Relevanz erhalten. So ist die Individuelle Förderung im Hinblick auf einen proaktiven Umgang mit Heterogenität als mittlerweile anerkanntes Qualitätsmerkmal eines guten Unterrichts (Meyer, 2011; Helmke, 2014) nicht nur in den Schulgesetzen, sondern auch in den Lehrerausbildungsgesetzen vieler deutscher Bundesländer fest verankert (Fischer, 2014). Hintergrund ist die Erkenntnis, dass die Individuelle Schülerförderung eine kompetenzorientierte Lehrerbildung voraussetzt, welche die Individuelle Förderung auf der Basis einer pädagogischen Diagnostik gestaltet. In den folgenden Ausführungen sollen zunächst entsprechende Grundlagen der Individuellen Förderung im Kontext Inklusiver Bildung im Hinblick auf allgemeine Definitionen und Modelle skizziert werden (Kap. 2). Des Weiteren sollen adäquate Konzepte der Individuellen Förderung im Kontext Inklusiver Bildung in Bezug auf schulische Strategien und Instrumente diskutiert werden (Kap. 3).

Darüber hinaus sollen passende Qualifizierungsansätze zur Individuellen Förderung im Kontext Inklusiver Bildung zu adaptiven Lehrerkompetenzen verbunden mit einer potenzialorientierten Haltung spezifiziert werden (Kap. 4).

2. Grundlagen der Individuellen Förderung im Kontext Inklusiver Bildung

Die genannten Befunde der internationalen Vergleichsstudien haben letztlich zur Prägung des Begriffs der Individuellen Förderung geführt, der auf breiter Basis erstmalig vom Forum Bildung mit einer entsprechenden Fokussierung sowohl auf Benachteiligungen als auch auf Begabungen geprägt wurde: „Individuelle Förderung entscheidet darüber, ob Menschen sich nach ihren Fähigkeiten und Interessen entwickeln können. Individuelle Förderung ist gleichermaßen Voraussetzung für das Vermeiden und den rechtzeitigen Abbau von Benachteiligungen wie für das Finden und Fördern von Begabungen." (Arbeitsstab Forum Bildung, 2001, S.7f). Dieses immer noch aktuelle Begriffsverständnis verweist auf die Notwendigkeit – nicht zuletzt in Ganztagsschulen und auch für Kinder mit Behinderungen in Regeleinrichtungen – differenzierte Lernangebote auf Grundlage diverser Lernvoraussetzungen zu schaffen. Dabei sollen einerseits die verschiedenen Begabungen im Hinblick auf die individuelle Persönlichkeitsentwicklung als auch in Bezug auf die Gestaltung der Gesellschaft gezielt erkannt und hinreichend gefördert werden. Andererseits gilt es die unterschiedlichen Benachteiligungen bezogen auf den Zugang zu Bildung zu beheben, wobei die Potenziale von Kindern aus sozial benachteiligten Lagen bzw. Kindern mit Migrationshintergrund oder Beeinträchtigungen oft unerkannt bleiben und vernachlässigt werden (Arbeitsstab Forum Bildung, 2001).

Dieses ursprüngliche Begriffsverständnis deckt sich weitgehend mit den aktuellen Definitionen der Individuellen Förderung, die eine gezielte Anpassung des schulischen Lernangebotes an die individuellen Lernbedürfnisse der Schülerinnen und Schüler erfordert (Fischer, 2014). Nach Helmke folgt Individuelle Förderung der Idee, das Lernpotenzial aller Kinder auszuschöpfen und dabei den individuell unterschiedlichen Lernvoraussetzungen Rechnung zu tragen. Die Umsetzung erfolgt durch ‚makro-adaptive' Anpassung der Unterrichtsplanung und -gestaltung an die diagnostizierten Lernvoraussetzungen der Schülerinnen und Schüler oder als ‚mikro-adaptives' Handeln in konkreten Lehr-Lern-Situationen (MSW NRW, 2011). Dies erklärt die Relevanz einer systematischen Diagnostik als Grundlage einer gezielten Förderung der einzelnen Kinder im Sinne eines proaktiven Umgangs mit inter- und intraindividueller Heterogenität (Weinert, 1997). Konkret bedeutet individuelles Fördern laut Meyer (2011, S. 97), „jeder Schülerin und jedem Schüler die Chance zu geben, ihr bzw. sein motorisches, intellektuelles, emotionales und soziales Potenzial umfassend zu entwickeln und sie bzw. ihn dabei durch geeignete Maßnahmen zu unterstützen". Dazu bedarf es Lernumgebungen, in denen Kinder mit besonderem Förderbedarf oder individuellen Lernschwerpunkten ihre Potenziale entfalten und ihre Beeinträchtigungen bewältigen können (Meyer, 2011).

Diese potenzialorientierte Haltung findet sich vor allem im Kontext der individuellen Begabungsförderung wieder. Diese umfasst die Individuelle Förderung der Lernpotenziale aller Kinder und Jugendlichen sowie die spezielle Förderung von Schülerinnen und Schülern mit hohen Lernpotenzialen. In diesem Kontext bedarf die Individuelle (Begabungs-)Förderung einer gezielten Adaptation des didaktischen Lernangebotes an die diagnostizierten Lernbedürfnisse mit dem Ziel einer optimalen Potenzialentfaltung und Persönlichkeitsentwicklung von Schülerinnen und Schülern (Fischer, 2014). Mit dem Leitmotiv der Potenzialentfaltung aller Kinder sind auch deutliche Bezüge zur Inklusiven Bildung gegeben. Auf dem Weg zu einem inklusiven Bildungssystem werden wichtige Entwicklungsschritte sichtbar, wobei die UN-Behindertenrechtskonvention Kinder mit sonderpädagogischem Förderbedarf fokussiert. Im Sinne der Potenzialorientierung gilt es auch hierbei, „Menschen mit Behinderungen ihre Persönlichkeit, ihre Begabungen und ihre Kreativität sowie ihre geistigen und körperlichen Fähigkeiten voll zur Entfaltung bringen zu lassen" (UN-BRK, 2009, §24 1b). Die Salamanca-Erklärung (1994) hebt weitere Zielgruppen mit besonderem pädagogischen Förderbedarf hervor, wozu behinderte und begabte Kinder sowie Kinder von sprachlichen, kulturellen oder ethnischen Minoritäten gehören, entsprechend der Zielgruppen der Individuellen Förderung.

Hierbei zeigt sich nicht nur eine interindividuelle Heterogenität im Sinne der Zugehörigkeit zu einer der genannten Zielgruppen, sondern auch eine intraindividuelle Vielfalt im Sinne der Kopplung verschiedener Diversitätsdimensionen innerhalb einer Person. Deutlich wird dies etwa bei talentierten Personen aus sozial benachteiligten Lagen bzw. mit Migrationshintergrund, aber auch bei begabten Personen mit Beeinträchtigungen (z.B. mathematisch begabte Kinder mit Lese-Rechtschreibschwierigkeiten). Dabei lassen sich potenzialorientierte Vielfaltsdimensionen auf Basis der multiplen Intelligenzen nach Gardner (2012) beschreiben, der achteinhalb „Intelligenzen" unterscheidet. Die Potenzialorientierung wird auch im Begabungsbegriff deutlich, wobei laut Heller (2000) (Hoch-)Begabung ein individuelles Fähigkeitspotenzial für (herausragende) Leistungen umfasst, und Weinert (2000a) weiter feststellt, dass Lernen den entscheidenden Mechanismus bei der Transformation von (hoher) Begabung in (exzellente) Leistung darstellt. Diese zentrale Rolle des Lernens wird nicht nur bei effektiven Lernprozessen als Voraussetzung für Leistungsexzellenz sichtbar, sondern wird ebenfalls bei ineffektiven Lernprozessen als Ursache von Lernbeeinträchtigungen deutlich, was sich bei der Individuellen (Begabungs-) Förderung als bedeutsam erweist (Fischer, 2008).

Diese Zusammenhänge lassen sich auch in Begabungsmodellen abbil-
den, bei denen Ursachen von Minderleistung bzw. Lernschwierigkeiten gleichzeitig Voraussetzungen für Hochleistung bzw. Expertiseerwerb darstellen
können. Dieser Kontext lässt sich mit dem Integrativen Begabungs- und Lernprozessmodell (vgl. Abb. 1) verdeutlichen, bei dem unterschiedliche Persön-
lichkeits- und Umweltfaktoren den Lernprozess wechselseitig positiv und negativ beeinflussen können (Fischer, 2014). Die verschiedenen Begabungsformen
und Leistungsbereiche, die ähnlich auch im Münchner (Hoch-)Begabungs-
modell (Heller & Perleth, 2007) enthalten sind, schließen auch das Phänomen
doppelt außergewöhnlicher Personen ein, wozu etwa talentierte Kinder mit
Verhaltensauffälligkeiten (z.B. ADHS, Asperger) bzw. (körperlichen, geistigen etc.) Behinderungen gehören (Fischer, 2013). Im Sinne einer defizitorien-
tierten Haltung werden diese Kinder oft nur in ihren Schwierigkeiten und nicht
mit ihren Fähigkeiten wahrgenommen, was sich als Herausforderung für die
Individuelle Förderung erweist. Im Sinne einer potenzialorientierten Haltung
gilt es, individuelle Potenziale und Interessen zu erkennen und zu nutzen, um
die jeweiligen Lern- und Leistungsschwierigkeiten zu bewältigen. Daher kann
Individuelle Förderung als Begabungsförderung (Solzbacher et al., 2012) verstanden werden, wobei sich diese Orientierung an den individuellen Lernpotenzialen
ebenso im Kontext der Inklusiven Bildung als Antwort auf Diversität als bedeutsam erweist.

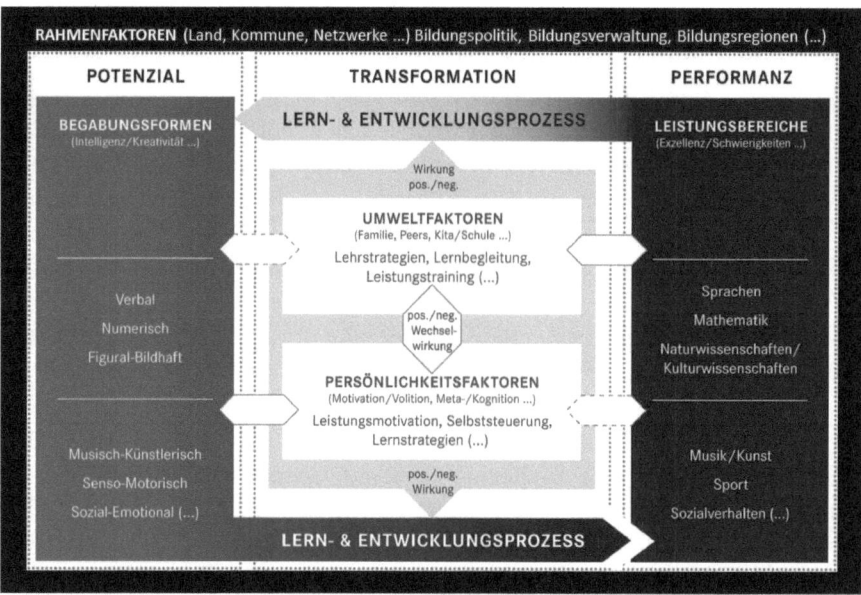

Abb. 1: Integratives Begabungs- & Lernprozessmodell (Fischer, 2014)

3. Konzepte der Individuellen Förderung im Kontext Inklusiver Bildung

Die zentrale Relevanz der Individuellen Förderung bezogen auf den Umgang mit der zunehmenden Heterogenität der Schülerinnen und Schüler hat nicht zuletzt die direkte bzw. indirekte Verankerung in den meisten deutschen Bundesländern bewirkt. Besonders prominent wird der Begriff im Schulgesetz des Landes Nordrhein-Westfalen verwendet (2014, § 1): „Jeder junge Mensch hat ohne Rücksicht auf seine wirtschaftliche Lage und Herkunft und sein Geschlecht ein Recht auf schulische Bildung, Erziehung und individuelle Förderung". Bezüglich spezieller Zielgruppen Individueller Förderung werden im Schulgesetz des Landes NRW (2014, § 2) – wie auch in den Schulgesetzen anderer Bundesländer – einzelne Personengruppen explizit hervorgehoben: 1) „Schülerinnen und Schüler, die auf sonderpädagogische Unterstützung angewiesen sind, werden nach ihrem individuellen Bedarf besonders gefördert, um ihnen ein möglichst hohes Maß an schulischer und beruflicher Eingliederung, gesellschaftlicher Teilhabe und selbstständiger Lebensgestaltung zu ermöglichen." 2) „Die Schule fördert die Integration von Schülerinnen und Schülern, deren Muttersprache nicht Deutsch ist, durch Angebote zum Erwerb der deutschen Sprache." 3) „Besonders begabte Schülerinnen und Schüler werden durch Beratung und ergänzende Bildungsangebote in ihrer Entwicklung gefördert". Bei der ersten Zielgruppe wird auch der Kontext der Inklusiven Bildung im Hinblick auf den gemeinsamen Schulunterricht von Kindern mit und ohne Behinderung erwähnt. Zudem ergibt sich bei der zweiten Zielgruppe nicht selten eine Kopplung mit Kindern aus sozial benachteiligten Lagen, da diese oftmals einen Migrationshintergrund aufweisen (Bildungsbericht, 2014).

Bezüglich einzelner Phasen der Individuellen Förderung im schulischen Kontext ergibt sich im Sinne eines proaktiven Umgangs mit Heterogenität (Weinert, 1997), d.h. einer gezielten Anpassung der didaktischen Lernangebote an die diagnostizierten Lernvoraussetzungen im Sinne des Angebots-Nutzungs-Modells (Helmke, 2014), ein zirkulärer Prozess aus Diagnose und Förderung. In diesem Kontext dient die Diagnose der kontinuierlichen Feststellung individueller Lernvoraussetzungen, während die Förderung die systematische Umsetzung entsprechender Lernangebote fokussiert. Im Sinne eines formativen Prozesses fungiert die Diagnose nicht nur zur Beurteilung der Förderbedürfnisse, sondern auch zur Feststellung der Wirksamkeit und Nachhaltigkeit von Fördermaßnahmen. Eine solche Evaluation dient als Grundlage für eine Reflexion unterrichtlicher Maßnahmen, die dann erneut in eine Förderplanung münden. Differenzierter wird diese Trias ‚Diagnose – Förderung – Evaluation' von Solzbacher et al. (2012) beschrieben, die mit der diagnosebasierten Förderplanung sowie der kontinuierlichen Prozessdokumentation insgesamt fünf (ideal-)typische Phasen unterscheiden. Dies unterstreicht die enge Kopplung von Individueller Förderung und pädagogischer Diagnostik, die laut Ingenkamp & Lissmann (2008, S. 13) „alle diagnostischen Tätigkeiten umfasst, durch die bei einzelnen Lernenden und den in einer Gruppe Lernenden Voraussetzungen und Bedingungen planmäßiger Lehr- und Lernprozesse ermittelt, Lernprozesse analysiert und Lernergebnisse festgestellt werden, um individuelles Lernen zu optimieren". Im Kontext der Inklusiven Bildung zeigt sich gerade die Lernprozessdiagnostik (anstelle der Statusdiagnostik) als relevant.

In Bezug auf konkrete Elemente der Individuellen Förderung lassen sich auf Basis des Kriteriums der Adaptation diagnostische Instrumente (z.B. Fragebögen) von didaktischen Konzepten (z.B. kooperatives Lernen) unterscheiden. Dabei eignen sich diagnostische Instrumente zur Feststellung des Förderbedarfs (z.B. Lern- und Förderplanung) sowie zur Überprüfung der Fördereffekte (z.B. Prä-Posttest-Vergleich). Neben produktorientierten Verfahren (z.B. Schulleistungstests) lassen sich prozessorientierte Verfahren (z.B. Unterrichtsbeobachtung) benennen. Erstere werden eher im Sinne einer Makroadaptation etwa zur äußeren Differenzierung (z.B. Rechtschreibwerkstatt) eingesetzt, während sich letztere eher im Sinne einer Mikroadaption etwa zur inneren Differenzierung (z.B. individuelle Lernpläne) nutzen lassen. Dazu können bei den didaktischen Konzepten zielgruppenspezifische (z.B. Sprachförderprogramme) von zielgruppenübergreifenden Programmen (z.B. Lernstrategietrainings) unterschieden werden. Hierbei lassen sich fachbezogene (z.B. Mathematikwettbewerbe) von fachübergreifenden Maßnahmen (z.B. Sozialkompetenztraining) differenzieren. Diese Ansätze können dann wiederum unterrichtlich (z.B. Aufgabenformate) oder außerunterrichtlich (z.B. Arbeitsgemeinschaften) umgesetzt werden. Vor dem Hintergrund des Passungskriteriums erweisen sich zudem auch im Kontext der Inklusiven Bildung kommunikative Ansätze auf der Ebene einzelner Schülerinnen und Schüler (z.B. Lernberatung), von Lerngruppen (z.B. Classroom Management) und von Lehrpersonen (z.B. multiprofessionelle Teamarbeit) als relevant, wobei eine beziehungssensible, potenzialorientierte Haltung grundlegend erscheint (Kuhl & Solzbacher, 2012) (vgl. Tab. 1).

Tab. 1: Elemente der Individuellen Förderung im Kontext Inklusiver Bildung

---

Diagnostische Instrumente:
- *Testverfahren* (z.B. Schulleistungstests, Intelligenztests)
- *Befragungsverfahren* (z.B. Interviews, Fragebögen)
- *Beobachtungsverfahren* (z.B. Kategoriensysteme, Schätzskalen)
- *Alternative Verfahren* (z.B. Lerntagebücher, Portfolios, Kompetenzraster, Lernlandkarten)

Didaktische Konzepte:
- *Lernformen* (z.B. Direkte Unterweisung, Kooperatives Lernen, Selbstreguliertes Lernen)
- *Arbeitsformen* (z.B. gemeinsame Projektarbeit, individuelle Freiarbeit)
- *Strategieformen* (z.B. Informationsverarbeitung, Selbststeuerung, Leistungsmotivierung)
- *Aufgabenformen* (z.B. aktivierende Aufgabenformate, wahldifferenzierte Aufgaben)

Kommunikative Ansätze:
- *Schülerebene* (z.B. Fallberatung, Lernbegleitung, Mentoring, Lerncoaching)
- *Lerngruppenebene* (z.B. Klassenführung, Schülertutoren)
- *Lehrpersonenebene* (z.B. Teamentwicklung, Lehrerkooperation)
- *Systemebene* (z.B. Systemberatung, Netzwerkbildung)

Im Hinblick auf Befunde zur Wirksamkeit der Lehr-Lernformate zur Individuellen Förderung im Kontext Inklusiver Bildung enthält die Hattie-Studie (2010) eine Zusammenstellung zentraler Einflussfaktoren auf den Lernerfolg von Schülerinnen und Schülern. Hier zeigt sich, dass evaluative Vorgehensweisen (z.B. formative Evaluation, Feedback) zur Diagnose persönlicher Lernpotenziale und Lerneffekte als auch aktivierende Lernstrategien (z.B. reziprokes Lernen, metakognitive Strategien, Lerntechniken, Ziele) zur Förderung individueller Lernprozesse und Lernerfolge relevant sind. Daneben erweisen sich im Umgang mit Heterogenität und Inklusion solche Faktoren als wirksam, die die allgemeine Lehrerhaltung und das generelle Unterrichtsklima (z.B. Nichtetikettieren von Lernenden, Lehrer-Schüler-Beziehung) betreffen. Überdies werden deutliche Effekte bei gemeinsamen Lernformaten (z.B. kooperatives Lernen, Peer-Tutoring) oder separierten Pull-Out-Programmen (z.B. Interventionen für Lernende mit besonderem Förderbedarf, Zusatzangebote für Hochbegabte) sichtbar (Steffens & Höfer, 2012). Für Hattie (2013) ist die Lehrerrolle als Aktivator zentral, d.h. als aktiver Unterrichtsgestalter verbunden mit einer aktiven Schülerrolle mit einer Balance aus direkter Instruktion und schülerorientierten Lernprozessen, wobei Feedback und formative Evaluation als Bindeglieder gelten (Steffens & Höfer, 2012). Eng gekoppelt ist damit die Lehrereinstellung, wobei nach Hattie Unterricht dann erfolgreich ist, „wenn Lehrer das Lernen mit den Augen der Schüler sehen und Schüler sich selbst als ihre eigenen Lehrer betrachten", sodass „visible learning" inhaltlich „explizites Unterrichten – aktives Lernen" umfasst (Terhart, 2011, S. 281).

Im Kontext der Inklusiven Bildung werden nach Sliwka (2014) individuelle Unterschiede von Lernenden im Sinne der Potenzialorientierung als Gewinn und Ressource für gemeinsames Lernen und wechselseitige Entwicklung wahrgenommen (vgl. Abb. 2). Neben den Befunden der Hattie-Studie (2013), die eine hohe Wirksamkeit sowohl gemeinsamer Lernformate als auch separierter Pull-Out-Programme feststellen, weisen hierzu weitere Studien noch differenziertere Resultate zur Leistungsheterogenität auf. Generell zeigt sich, dass vor allem leistungsschwächere Schülerinnen und Schüler in ihrer Leistungsentwicklung von leistungsheterogenen Lerngruppen profitieren, wogegen leistungsstarke Schülerinnen und Schüler diesbezüglich weniger stark profitieren. Bei der sozialen Entwicklung wird deutlich, dass beide Gruppen gleichermaßen von didaktischen Maßnahmen profitieren können, die dem Abbau von Leistungsschwierigkeiten, aber auch dem Ausbau von Leistungsstärken dienen (Scharenberg, 2012). In diesem Kontext betonen Dumont et al. (2013) die Relevanz der Unterrichtsqualität (z.B. curriculare Differenzierung), wenn die Komposition von Lerngruppen (z.B. Leistungsgruppierung) Auswirkungen auf die Schulleistungen haben soll. Im Hinblick auf einen potenzialorientierten Umgang mit Heterogenität und Inklusion erscheint eine Kombination von gemeinsamen und separierten Lernformaten in einer Schule für alle Schülerinnen und Schüler sinnvoll zu sein. Diese Kopplung wird nicht zuletzt in vielen Provinzen Kanadas im Sinne einer „Special Education for Children with Special Needs" erfolgreich praktiziert (Sliwka, 2014), die neben der interpersonalen auch der intrapersonalen Diversität gerecht werden kann (Fischer, 2014).

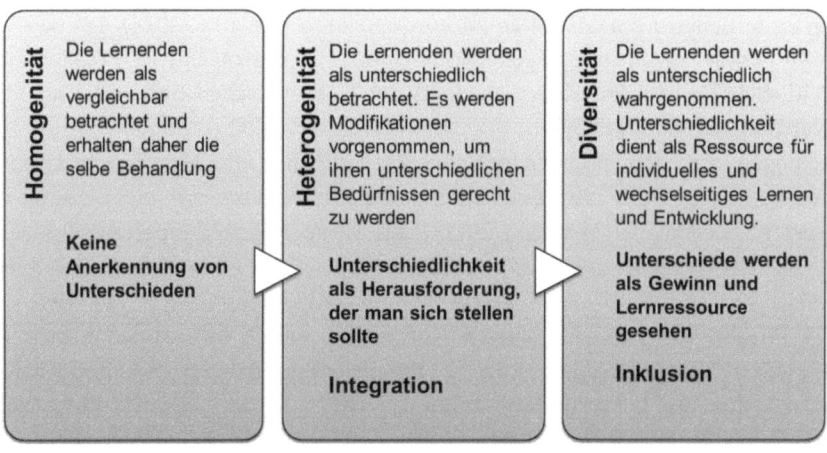

Abb. 2:   Von der Homogenität zur Diversität (nach Sliwka, 2014)

4. Ausblick

Der kompetente Umgang mit Heterogenität und Inklusion (KMK 2014) an Regelschulen verlangt Maßnahmen der Professionalisierung von Lehramtsstudierenden und Lehrkräften, die über gegenwärtige Standards hinausgehen. So benötigen (angehende) Lehrpersonen professionelle Kompetenzen (Baumert & Kunter, 2006), „um besondere Begabungen, oder etwaige Benachteiligungen, Beeinträchtigungen und andere Barrieren von und für Schülerinnen und Schüler zu erkennen und entsprechende Präventions- und Unterstützungsmaßnahmen zu ergreifen" (KMK & HRK, 2015, S. 2). Dabei erweist sich adaptive Lehrkompetenz als zentral, d.h. die Fähigkeit von Lehrpersonen, die Planung und Durchführung des Unterrichts so auf die individuellen Lernvoraussetzungen der Schülerinnen und Schüler und der je gegebenen Situation auszurichten, dass für möglichst viele Schülerinnen und Schüler bestmögliche Bedingungen für das Erreichen der Lernziele bestehen (Beck et al., 2008). Als zentrale Komponenten adaptiver Lehrkompetenz gilt angelehnt an Weinert (2000b) die Orchestrierung von vier Kompetenzbereichen im proaktiven Umgang mit Heterogenität: a) Sachkompetenzen, d.h. die Beherrschung der zu vermittelnden Lerninhalte in ihrem wissenschaftlichen Gehalt und ihrer didaktischen Strukturierbarkeit; b) Diagnostische Kompetenzen, d.h. die Fähigkeit, den Kenntnisstand, die Lernfortschritte und die Leistungsprobleme der einzelnen Schülerin bzw. des einzelnen Schülers beurteilen zu können; c) Didaktische Kompetenzen, d.h. die Fähigkeit, verschiedene Unterrichtsformen souverän zur Erreichung unterschiedlicher pädagogischer Ziele einsetzen zu können; d) Klassenführungskompetenzen, d.h. die Fähigkeit, die Schülerinnen und Schüler einer Klasse zu motivieren, sich möglichst lange und intensiv auf die erforderlichen Lernaktivitäten zu konzentrieren (Helmke, 2014). Lehrkräfte müssen gerade über professionelle Kompetenzen in der objektiven Feststellung individueller Lernausgangslagen sowie in der systematischen Bereitstellung adaptiver Lernangebote verfügen.

Bezogen auf den potenzialorientierten Umgang mit Heterogenität und Inklusion erweist sich eine Erweiterung dieses Konzepts um die Beratungskompetenz (Klieme & Warwas, 2011) und Kooperationskompetenz (Bonsen & Frey, 2014) nicht zuletzt zur multiprofessionellen Teamarbeit als relevant, die verbunden mit der Klassenführungskompetenz (Gold & Holodynski, 2011) Ebenen der kommunikativen Kompetenz von Lehrpersonen beschreiben (Fischer, 2014) (vgl. Abb. 3). Diese Dimensionen werden auch in den KMK-Standards für die Lehrerbildung Bildungswissenschaften beachtet, die bezogen auf den professionellen Umgang mit der Vielfalt von Schülerinnen und Schülern mit Blick auf die Erfordernisse inklusiven Unterrichts in der Aus- und Fortbildung von Lehrkräften aktualisiert wurden (KMK, 2014). Als Querlage

zu den genannten Kompetenzbereichen bestimmt die professionelle pädagogische Haltung den potenzialorientierten Einsatz diagnostischer Instrumente,
didaktischer Konzepte oder kommunikativer Ansätze in der Individuellen
Förderung von Schülerinnen und Schülern (Behrensen et al., 2014) (vgl.
Abb. 3). Im Hinblick auf die Entwicklung von ,Heterogenitätskompetenz'
bzw. ,Inklusionskompetenz' gilt es nach Terhart (2015) auch, eine heteroge-
nitätsfreundliche Schul- und Unterrichtskultur in kollegialer Kooperation
und Schulentwicklung zu beachten, was sich nicht zuletzt auch auf die
Qualitätsentwicklung von Unterricht auswirkt (Meyer, 2011). Bezogen auf die
Wirksamkeit und Nachhaltigkeit der Entwicklung von adaptiver Lehrkompetenz
gilt es einen intensiven Theorie-Praxis-Transfer (Lipowsky, 2010) mit entsprechenden Anwendungsmöglichkeiten und Reflexionsgelegenheiten (Blömeke,
2011) für Lehrpersonen zu etablieren. Exemplarisch seien hier als längerfristi-
ge Qualifizierungsformate zur Individuellen Förderung im Kontext Inklusiver
Bildung sowohl die Fortbildung „Vielfalt fördern" (Bertelsmann Stiftung, 2013)
als auch die Weiterbildung „Experte Individuelle Förderung" (Fischer, 2010) genannt.

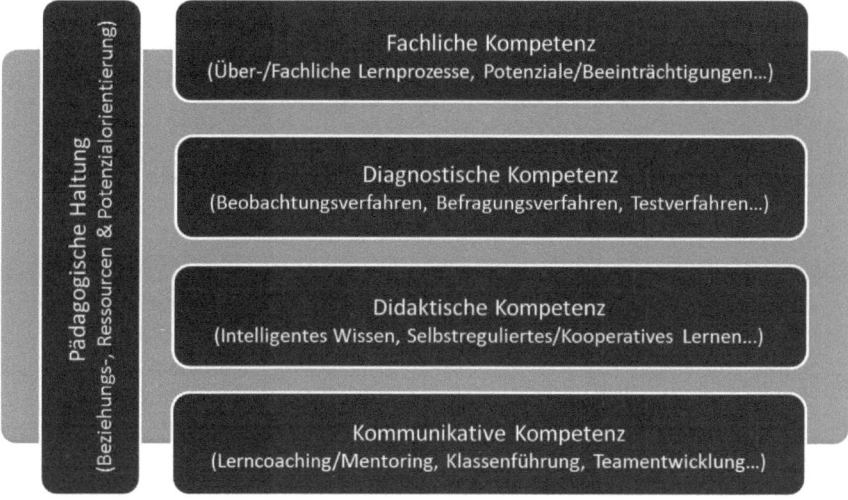

Abb. 3:   Adaptive Lehrkompetenz im Umgang mit Vielfalt (Fischer, 2014)

Literatur

Arbeitsstab Forum Bildung in der Geschäftsstelle der Bund-Länder-Kommission für Bildungsplanung und Forschungsförderung (2001). *Empfehlungen des Forum Bildung*. Bonn.

Autorengruppe Bildungsberichterstattung (2014). *Bildung in Deutschland 2014. Ein indikatorengestützter Bericht mit einer Analyse zur Bildung von Menschen mit Behinderungen*. Bielefeld: W. Bertelsmann Verlag.

Baumert, J. & Kunter, M. (2006). Stichwort: Professionelle Kompetenzen von Lehrkräften. *Zeitschrift für Erziehungswissenschaft, 9* (4), 469–520.

Baumert, J., Klieme, E., Neubrand, M., Prenzel, M., Schiefele, U., Schneider, W., Tillmann, K. J. & Weiß, M. Deutsches PISA-Konsortium (Hrsg.) (2001). *PISA 2000, Basiskompetenzen von Schülerinnen und Schülern im internationalen Vergleich*. Opladen: Leske + Budrich.

Beauftragte der Bundesregierung für die Belange behinderter Menschen (2009). *Alle inklusive! Die neue UN-Konvention. Übereinkommen über die Rechte von Menschen mit Behinderungen. Zwischen Deutschland, Liechtenstein, Österreich und der Schweiz abgestimmte Übersetzung*. Berlin.

Beck, E., Baer, M., Guldimann, T., Bischoff, S., Brühwiler, C., Müller, P., Niedermann, R., Rogalla, M. & Vogt, F. (2008). *Adaptive Lehrkompetenz. Analyse und Struktur, Veränderbarkeit und Wirkung handlungsgesteuerten Lehrerwissens*. Münster: Waxmann.

Behrensen, B., Kiso, C. & Solzbacher, C. (2014). Auf dem Weg zur Inklusion – Eine Sekundäranalyse zu Positionen von Grundschullehrkräften. *Schulpädagogik heute, 5* (10).

Bertelsmann Stiftung (2013). *Individuelle Förderung. Ergebnisse der Reformgruppe und des Arbeitskreises Individuelle Förderung und Steuerungsimpulse der Länder*. Gütersloh: Bertelsmann.

Blömeke, S. (2011). Teacher Education and Development Study: Learning to Teach (TEDS-LT) – Erfassung von Lehrerkompetenzen in gering strukturierten Domänen. In S. Blömeke, A. Bremerich-Voß, H. Haudeck, G. Kaiser, G. Nold, K. Schwippert et al. (Hrsg.), *Kompetenzen von Lehramtsstudierenden in gering strukturierten Domänen. Erste Ergebnisse aus TEDS-LT* (S. 7–24). Münster: Waxmann.

Bonsen, M. & Frey, K. A. (2014). Lehrerkooperation als Grundlage von Lehrerprofessionalisierung. In R. Arnold & T. Prescher (Hrsg.), *Schulentwicklung systemisch gestalten – Wege zu einem lebendigen und nachhaltigen Lernen in Schule und Unterricht*. Köln: Carl Link.

Bos, W., Lankes, E. M., Prenzel, M., Schwippert, K., Walther, G. & Valtin, R. (Hrsg.) (2003). *Erste Ergebnisse aus IGLU, Schülerleistungen am Ende der vierten Jahrgangsstufe im internationalen Vergleich*. Münster: Waxmann.

Bos, W., Wendt, H., Köller, O. & Selter, C. (Hrsg.) (2012a). *TIMSS 2011. Mathematische und naturwissenschaftliche Kompetenzen von Grundschulkindern in Deutschland im internationalen Vergleich*. Münster: Waxmann.

Bos, W., Tarelli, I., Bremerich-Vos, A. & Schwippert, K. (Hrsg.) (2012b). *IGLU 2011. Lesekompetenzen von Grundschulkindern in Deutschland im internationalen Vergleich.* Münster: Waxmann.

Deutsche UNESCO Kommission e.V. (2014). *Bonner Erklärung zur inklusiven Bildung in Deutschland.* Verabschiedet von den Teilnehmenden des Gipfels „Inklusion – Die Zukunft der Bildung" am 20. März 2014 in Bonn.

Dumont, H., Neumann, M., Maaz, K. & Trautwein, U. (2013). Die Zusammensetzung der Schülerschaft als Einflussfaktor für Schulleistungen. Internationale und nationale Befunde. *Psychologie in Erziehung und Unterricht, 60* (3), 163–183.

Fischer, C. (2008). Strategien Selbstgesteuerten Lernens in der Individuellen Förderung. In C. Fischer, F.-J. Mönks & U. Westphal (Hrsg.), *Individuelle Förderung. Begabungen entfalten – Persönlichkeit entwickeln* (S. 184–195). Münster: LIT.

Fischer, C. (2010). Individuelle Förderung. Weiterbildung zu ExpertInnen als Teil der Schulentwicklung: Ein Zertifikatsangebot der Universität Münster. *journal für schulentwicklung 14* (3), 62–66.

Fischer, C. (2013). Individuelle Förderung. Umgang mit Vielfalt als Herausforderung für die Schule und Lehrerbildung. *Engagement 4,* 281–290.

Fischer, C. (2014). *Individuelle Förderung als schulische Herausforderung.* Berlin: Friedrich-Ebert-Stiftung.

Gardner, H. (2012). *Multiple intelligences. New horizons* (Compl. rev. and updated). New York: Basic books.

Gold, B. & Holodynski, M. (2011). Klassenführung. In E. Kiel & K. Zierer (Hrsg.), *Unterrichtsgestaltung als Gegenstand der Praxis* (Basiswissen Unterrichtsgestaltung, Band 3) (S. 133–151). Baltmannsweiler: Schneider Verlag Hohengehren.

Hattie, J. (2010). *Visible learning: A synthesis of over 800 meta-analyses relating to achievement.* London [u.a.]: Routledge.

Hattie, J. (2013). *Lernen sichtbar machen* (Überarbeitete deutschsprachige Ausgabe von „Visible Learning" besorgt von W. Beywl und K. Zierer). Baltmannsweiler: Schneider Verlag Hohengehren.

Heller, K. A. & Perleth, C. (2007). Talentförderung und Hochbegabtenberatung in Deutschland. In K. A. Heller & A. Ziegler (Hrsg.), *Begabt sein in Deutschland* (Talentförderung, Expertiseentwicklung, Leistungsexzellenz, Band. 1) (S. 139–170). Berlin: LIT.

Heller, K.A. (2000). Hochbegabungsdiagnostik In K. A. Heller (Hrsg.), *Begabungsdiagnostik in der Schul- und Erziehungsberatung* (S. 241–256). Bern u.a.: Huber.

Helmke, A. (2014). *Unterrichtsqualität und Lehrerprofessionalität. Diagnose, Evaluation und Verbesserung des Unterrichts* (5. Auflage). Seelze: Kallmeyer Verlag.

Ingenkamp, K. & Lissmann, U. (2008). *Lehrbuch der pädagogischen Diagnostik.* Weinheim u.a.: Beltz.

Klemm, K. (2013). *Inklusion in Deutschland – eine bildungsstatistische Analyse.* Bertelsmann Stiftung. Verfügbar unter: http://www.bertelsmann-stiftung.de/file admin/files/BSt/Presse/imported/downloads/xcms_bst_dms_37485_37486_2.pdf [19.7.2014].

Klieme, E. & Warwas, J. (2011). Konzepte der individuellen Förderung. *Zeitschrift für Pädagogik, 57* (6), 805–818.

Klieme, E., Jude, N., Baumert, J. & Prenzel, M. (2010). PISA 2000–2009: Bilanz der Veränderungen im Schulsystem. In E. Klieme et al. (Hrsg.), *PISA 2009. Bilanz nach einem Jahrzehnt* (S. 277–300). Münster: Waxmann.

Kuhl, J. & Solzbacher, C. (2012). Selbstkompetenzförderung durch Beziehungsarbeit. In C. Solzbacher, S. Müller-Using & I. Doll (Hrsg.), *Ressourcen stärken! Individuelle Förderung als Herausforderung für die Grundschule* (S. 277–295). Köln: Carl Link.

Kultusministerkonferenz & Hochschulrektorenkonferenz (2015). *Lehrerbildung für eine Schule der Vielfalt. Gemeinsame Empfehlung von Hochschulrektorenkonferenz und Kultusministerkonferenz* (Beschluss der Kultusministerkonferenz vom 12.03.2015/Beschluss der Hochschulrektorenkonferenz vom 18.03.2015). Berlin/Bonn.

Lipowsky, F. (2010). Lernen im Beruf. Befunde zur Wirksamkeit von Lehrerfortbildungen. In F. H. Müller, A. Eichenberger, M. Lüders & J. Mayr (Hrsg.), *Lehrerinnen und Lehrer lernen. Konzepte und Befunde zur Lehrerfortbildung* (S. 51–72). Münster: Waxmann.

Meyer, H. (2011). *Was ist guter Unterricht?* Berlin: Cornelsen Scriptor.

Ministerium für Schule und Weiterbildung des Landes Nordrhein-Westfalen (Hrsg.) (2011). *Empfehlungen der Bildungskonferenz „Zusammen Schule machen für Nordrhein-Westfalen" zum Thema „Individuelle Förderung: von der Qualitätsanalyse bis zur systematischen Unterrichtsentwicklung und Lehrerfortbildung".* Düsseldorf.

Ministerium für Schule und Weiterbildung des Landes Nordrhein-Westfalen (2014). *Schulgesetz für das Land Nordrhein-Westfalen.* Düsseldorf.

Prenzel, M., Sälzer, C., Klieme, E. & Köller, O. (Hrsg.) (2013). *PISA 2012. Fortschritte und Herausforderungen in Deutschland.* Münster: Waxmann.

Scharenberg, K. (2012). *Leistungsheterogenität und Kompetenzentwicklung. Zur Relevanz klassenbezogener Kompositionsmerkmale im Rahmen der KESS-Studie.* Münster: Waxmann.

Sekretariat der Ständigen Konferenz der Kultusminister der Länder in der Bundesrepublik Deutschland (2014). *Standards für die Lehrerbildung.* Berlin.

Sliwka, A. (2014). Schulentwicklung für Diversität und Inklusion: Organisationsstruktur und Lernkultur an Schulen in der kanadischen Provinz Alberta. In S. Trumpa, S. Seifried, E. Franz & T. Klauß (Hrsg.), *Inklusive Bildung: Erkenntnisse und Konzepte aus Fachdidaktik und Sonderpädagogik* (S. 334–351). Weinheim: Beltz.

Solzbacher, C., Schwer, C. & Doll, I. (2012). Individuelle Förderung als Begabungsförderung. In C. Solzbacher, S. Müller-Using & I. Doll (Hrsg.), *Ressourcen stärken! Individuelle Förderung als Herausforderung für die Grundschule* (S. 19–28). Köln: Carl Link.

Steffens, U. & Höfer, D. (2012). Was ist das Wichtigste beim Lernen? Die Forschungsbilanz von John Hattie. *Pädagogik, 64* (12), 40–43.

Terhart, E. (2011). Has John Hattie Really Found the Holy Grail of Research on Teaching? An Extended Review of „Visible Learning". *Journal of Curriculum Studies, 43* (3), 425–438.

Terhart, E. (2015). Umgang mit Heterogenität: Anforderungen an Professionalisierungsprozesse. In C. Fischer (Hrsg.), *(Keine) Angst vor Inklusion. Herausforderungen und Chancen gemeinsamen Lernens in der Schule.* Münster: Waxmann.

UNESCO (1994). *Die Salamanca Erklärung und der Aktionsrahmen zur Pädagogik für besondere Bedürfnisse angenommen von der Weltkonferenz „Pädagogik für besondere Bedürfnisse: Zugang und Qualität"* Salamanca, Spanien, 7.–10. Juni 1994.

Weinert, F. (1997). Notwendige Methodenvielfalt: Unterschiedliche Lernfähigkeiten erfordern variable Unterrichtsmethoden. *Friedrich Jahresheft 1997*, 50–52.

Weinert, F. E. (2000a). *Lernen als Brücke zwischen hoher Begabung und exzellenter Leistung.* Vortrag gehalten anlässlich der zweiten internationalen Salzburger Konferenz zu Begabungsfragen und Begabtenförderung. Salzburg, 13. Oktober 2000.

Weinert, F. E. (2000b). Lehren und Lernen für die Zukunft – Ansprüche an das Lernen in der Schule. *Pädagogische Nachrichten Rheinland-Pfalz 2*, 1–16.

Wendt, H., Willems, A.S., Tarelli, I., Euen, B. & Bos, W. (2013). Ausreichend geförderte Talente? – Zu den deutschen Ergebnissen von leistungsstarken Viertklässlerinnen und Viertklässlern in IGLU 2011 und TIMSS 2011. In C. Fischer (Hrsg.), *Schule und Unterricht adaptiv gestalten. Fördermöglichkeiten für benachteiligte Jugendliche* (S. 23–34). Münster: Waxmann.

Annette Textor

Gemeinsam Lernen
Theoretische Grundlagen und didaktische Leitlinien für einen Inklusion unterstützenden Unterricht

1. Einführung: Zum Begriff Inklusion

Für ein didaktisches Konzept, das vom Inklusionsbegriff ausgeht, ist es notwendig, zunächst zu definieren, was unter „Inklusion" überhaupt verstanden wird: Da der Begriff „Inklusion" in einem solchen Konzept als „didaktisches Regulativ" (Peterßen, 2001, S. 38) verwendet wird, muss sich der hier vorgestellte didaktische Ansatz daran messen lassen, inwiefern er dazu auffordert, „so zu denken und zu handeln, dass Inklusion möglich wird" (Kullmann, Lütje-Klose & Textor, 2014a, S. 90).

Unter „Inklusion" wird in der Regel „die gleichrangige gesellschaftliche Partizipation aller Menschen einschließlich derjenigen mit Behinderungen unter Gewährung dafür notwendiger Hilfen verstanden" (Kullmann et al., 2014a, S. 90). Zu berücksichtigen ist allerdings, dass „Inklusion" kein wissenschaftlicher Begriff ist, sondern, ähnlich wie z.B. der Begriff „Nachhaltigkeit", ein politisch geprägter (vgl. Balz, Benz & Kuhlmann, 2012). Als ein solcher wurde er in der Wissenschaft eingeführt, um ein politisches Ziel – die Möglichkeit für alle Schülerinnen und Schüler, eine Regelschule zu besuchen – benennen und gegen Versuche der Relativierung verteidigen zu können (z.B. bei Hinz, 2004; Wocken, 2010). Inzwischen ist der Bedeutungshorizont des Begriffs „Inklusion" allerdings auch im deutschen Sprachraum diffus geworden: Er reicht, ähnlich wie bereits 2004 für den angelsächsischen Sprachraum festgestellt (vgl. Sander, 2004, S. 11; Hinz, 2004), vom Synonym für „Integration" (englisch „mainstreaming") bis hin zu einer Verwendung für eine „optimierte und erweiterte Integration" (vgl. Wocken, 2010). Dennoch können zwei Spezifika des Inklusionsbegriffes festgestellt werden (vgl. Koch & Textor, 2015):

Erstens wird in der Regel mit dem Begriff „Inklusion" eine *systemisch orientierte Perspektive* eingenommen, d.h. „Inklusion" beschreibt Systeme und ihre Eigenschaften und nicht Personen. Eine Gesellschaft ist dann „inklusiv", wenn alle Menschen gleichrangig partizipieren können – einschließlich derjenigen mit Behinderungen. Das schließt ein, dass im Bedarfsfall die individuell dafür notwendigen Hilfen gewährleistet werden (vgl. Kullmann et al., 2014a, S. 90). Bezogen auf Schule bedeutet der Inklusionsbegriff, „dass alle Schülerinnen und Schüler die Möglichkeit haben, ihre wohnortnahe Regelschule zu besuchen" (Kullmann et al., 2014a, S. 90; s. auch VN-BRK, 2008, Art. 24) und dort *„alle*

Schülerinnen und Schüler in der Erreichung ihrer individuellen Lernziele unterstützt werden" (Powell, 2013, S. 141f.) – dies schließt die Bereitstellung der je individuell benötigten Ressourcen ein.

Zweitens schließt der Inklusionsbegriff *alle Heterogenitätsdimensionen* ein – die Leistungsfähigkeit in unterschiedlichen Bereichen, die ethnische Zugehörigkeit, den sozioökonomischen Hintergrund und das Geschlecht. Diese Heterogenitätsdimensionen sind in der Praxis eng miteinander verknüpft und führen gerade im Zusammenhang zu Segregierung: So stellt z.B. Wocken (2007, S. 39) fest, dass in Förderschulen für den Förderschwerpunkt Lernen Jungen, Schüler mit Migrationshintergrund und Schüler aus Familien mit einem niedrigen sozioökonomischen Status überrepräsentiert sind; und in IGLU, PISA und anderen Studien konnte festgestellt werden, dass der sozioökonomische Status einen hohen Einfluss auf die Wahl der Schulform in der Sekundarstufe I hat (vgl. Stubbe & Bos, 2008, S. 60), was wiederum sowohl den weiteren Lernerfolg der Schülerinnen und Schüler (vgl. Schümer, 2004, S. 101) als auch ihre Chancen auf einen Arbeitsplatz (vgl. Buch, Hell & Wydra-Somaggio, 2011) beeinflusst. Weiterhin zeigen insbesondere Schülerinnen und Schüler mit türkischem Migrationshintergrund trotz einer hoch ausgeprägten Bildungsaspiration relativ schlechte Schulleistungen und besuchen relativ häufig Haupt- oder Förderschulen. Dies ist zum Teil, aber nicht vollständig, auf ihren ungünstigen sozioökonomischen Status zurückzuführen (vgl. Stanat, 2006, S. 112f.; Konsortium Bildungsberichterstattung, 2006, S. 151ff.; Stanat, Rauch & Segeritz, 2010, S. 222ff.). Für eine Didaktik, die inklusive Prozesse unterstützen soll, bedeutet das, dass sie nicht notwendigerweise explizit auf den Unterricht mit Kindern mit unterschiedlichen Förderschwerpunkten einzugehen braucht, sondern eher individuelle Differenzen im Allgemeinen und den didaktischen Umgang mit diesen im Auge behalten muss.

Wie deutlich das in der VN-BRK festgeschriebene Recht auf inklusive Beschulung die Schullandschaft in Deutschland verändern wird, lässt die in Abb. 1 abgebildete Statistik zu Förderquoten (Anteil der Schülerinnen und Schüler mit sonderpädagogischem Förderbedarf an allen Schülerinnen und Schülern) und Förderschulbesuchsquoten (Anteil der Schülerinnen und Schüler, die eine Förderschule besuchen, an allen Schülerinnen und Schülern) erahnen: Die Zunahme der Inklusionsquote ist bisher nicht dadurch verursacht, dass weniger Schülerinnen und Schüler Förderschulen besuchen, sondern dadurch, dass der Anteil der Schülerinnen und Schüler, die einen sonderpädagogischen Förderbedarf zugeschrieben bekommen, sich kontinuierlich erhöht hat. Zwischen 2010 und 2012 ist allerdings die Förderschulbesuchsquote gesunken – es bleibt abzuwarten, ob dies den Beginn der Umsetzung der VN-BRK markiert oder lediglich ein statistischer Ausreißer ist. Die Umsetzung von Inklusion beginnt also erst.

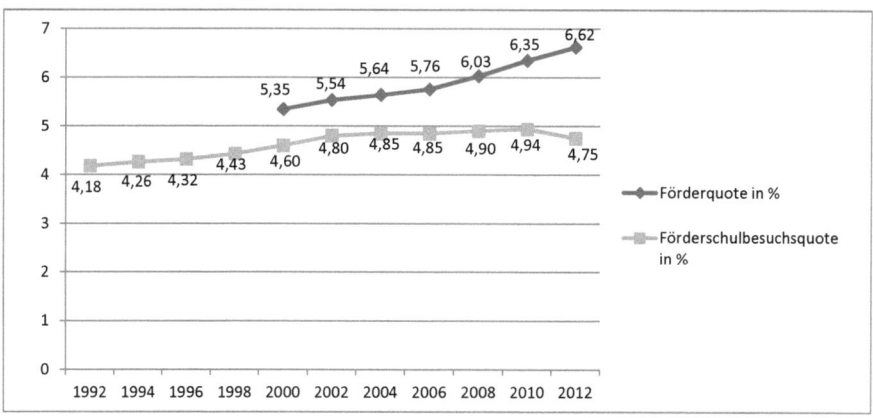

Abb. 1: Entwicklung der sonderpädagogischen Förderung (Quelle: KMK, 2002; KMK, 2012; die Förderquote wird erst seit dem Jahr 1999 erhoben; vgl. KMK, 2012, XIII)

2. Theoretische Grundlagen

2.1 Der Bildungsbegriff

In Kap. 1 wurde „Inklusion" als (bildungs-)politischer Begriff beschrieben, der die Zielvorstellung umschreibt, dass alle Personen gleichrangig an der Gesellschaft partizipieren können. Übertragen auf das Schulsystem bedeutet dies zunächst, dass alle Schülerinnen und Schüler einen gleichberechtigten Zugang zum Regelschulsystem haben bzw. übertragen auf eine konkrete Schule, dass alle Schülerinnen und Schüler, die diese Schule besuchen möchten, die gleiche Chance bekommen, dies auch zu tun. Eine weitere Implikation des Begriffs „Inklusion" ist in Bezug auf den schulischen Bereich, dass alle Schülerinnen und Schüler einer Schule gleichberechtigt an Schulleben und Unterricht partizipieren können. Inklusion ist somit eine Voraussetzung für Bildung, nicht primär deren Inhalt (vgl. Preuss-Lausitz, 2006, S. 95). Gleichzeitig gibt der Inklusionsbegriff eine Zielrichtung vor: Wenn „Inklusion" die gleichrangige Partizipation aller Menschen bedeutet und somit eine – auch politisch verstandene – Haltung impliziert, individuelle Unterschiede zwar wahrzunehmen und zu bearbeiten, aber nicht für eine Hierarchisierung zu verwenden, bedeutet dies, eine solche wertschätzende Haltung gegenüber der Vielfalt der Individuen auch zu vermitteln. Dies schließt insbesondere die Akzeptanz von Vielfalt und ein demokratieorientiertes Verständnis von Schule ein (vgl. Booth & Ainscow, 2011[1]; Textor, 2012).

---

1 Der Index für Inklusion erfasst diese inklusive Haltung mit den Stichworten „equality, participation, community, respect for diversity, and sustainability" (Booth & Ainscow,

Eine inklusive Gesellschaft ist aber nicht notwendigerweise auch demokratisch: „Gleichberechtigt zu partizipieren" könnte schließlich auch bedeuten, dass alle Mitglieder einer Gesellschaft unabhängig von ihren individuellen Merkmalen gleichermaßen ausgesprochen geringe Partizipationschancen haben. Für eine Didaktik für inklusive Lerngruppen in einer demokratischen Gesellschaft wird also eine zweite normative Grundlage benötigt, die auf demokratietheoretischen Überlegungen beruht (vgl. Klafki, 2007).

Dieses Ziel, die Entwicklung inklusiver *und* demokratischer Werte und Grundhaltungen, entspricht einem modernen Bildungsbegriff, wie ihn Klafki (2007) formuliert. Klafki fasst „Bildung" als eine gesellschaftliche Angelegenheit auf und begreift sie als Zusammenhang dreier Grundfähigkeiten: der Selbstbestimmungsfähigkeit, der Mitbestimmungsfähigkeit und der Solidaritätsfähigkeit. Jede dieser Grundfähigkeiten für sich bedeutet dabei noch nicht Bildung, sondern erst das Zusammenspiel aller drei. Eine solche Bildung soll der kritisch-konstruktiven Didaktik zufolge anhand der Orientierung an drei Grundprinzipien erreicht werden:

1. „Allgemeinbildung" wird als demokratisches Bürgerrecht aufgefasst und als „Bildung für alle" verstanden (Klafki, 2007, S. 53),
2. Allgemeinbildung findet im „Medium des Allgemeinen" (Klafki, 2007, S. 53) statt, d.h. zum Bildungsgehalt können solche Bildungsinhalte werden, die erstens Frage- und Problemstellungen der „geschichtlich gewordenen Gegenwart und der sich abzeichnenden Zukunft" thematisieren (Klafki, 2007, S. 53) und somit alle Menschen gemeinsam angehen, und die zweitens exemplarisch für ein allgemeines Phänomen, eine Grundeinsicht oder ein Prinzip stehen. Die Auseinandersetzung mit diesen Bildungsinhalten, die Klafki auch als „epochaltypische Schlüsselprobleme" bezeichnet, soll Selbstbestimmung, Mitbestimmung und Solidarität ermöglichen (vgl. Klafki, 2007, S. 56ff.).
3. Bildung soll allseitig sein: Sie soll als *„Bildung in allen Grunddimensionen menschlicher Interessen und Fähigkeiten* verstanden werden" (Klafki, 2007, S. 54; Hervorhebung i.O.), um dem Grundrecht auf freie Entfaltung der Persönlichkeit zu entsprechen. Das bedeutet, dass nicht nur kognitive Interessen und Fähigkeiten Bestandteile von Bildung sind, sondern ebenso beispielsweise ästhetische, motorische oder soziale.

Grundsätzlich zeichnet einen Bildungsinhalt aus, dass durch die Beschäftigung mit ihm allen Schülerinnen und Schülern kategoriale, d.h. subjektiv *und* objektiv bedeutungsvolle Einsichten ermöglicht werden. Die Prinzipien der Solidarität und der Mitbestimmung bedeuten aber auch, dass die Schülerinnen und Schüler in die Planung des Unterrichtes einbezogen werden; Klafki verweist diesbezüglich explizit auf Formen des offenen oder schülerorientierten Unterrichts (vgl.

2011, S. 21), die besonders wichtig seien, um inklusive Strukturen, Prozesse und Aktivitäten zu etablieren.

Klafki, 2007, S. 257). Unterricht wird als Interaktionsprozess verstanden, der soziale Prozesse einschließt, wobei Klafki selbst anmerkt, „daß es mir bisher nicht gelungen ist, dieses generelle Postulat nach sozialem Lernen im Unterricht in hinreichende Weise in meine Überlegungen zur Unterrichtsplanung zu integrieren" (Klafki, 2007, S. 258). Die Überlegungen in Kap. 2.2 und insbesondere in Kap. 3.1 sind ein Versuch, diese Ergänzung zu schaffen.

Feuser greift in seiner Entwicklungslogischen Didaktik diesen Bildungsbegriff auf und bezieht ihn auf Inklusion, indem er zwei Momente „im Sinne eines nicht zu unterschreitenden und unveräußerlichen didaktischen Fundamentums" (Feuser, 2002, S. 284) zugrunde legt:

1. Das Moment des Humanen, d.h. er fordert „eine durch (entwicklungsbezogene) ‚Individualisierung' zu realisierende ‚Innere Differenzierung'" (Feuser, 2002, S. 284); dies schließt einen vollständigen Verzicht auf Segregierung und repressive Ordnungsmaßnahmen ein.

2. Das Moment des Demokratischen, d.h. Kern von Unterricht ist die „Kooperative Tätigkeit' (der Subjekte einer sozialen Gemeinschaft mit dem Ziel der Realisierung der Qualitäten eines Kollektivs) an einem ‚Gemeinsamen Gegenstand'" (Feuser, 2002, S. 284); dieser „Gemeinsame Gegenstand" kann m.E. auf der Grundlage der „epochaltypischen Schlüsselprobleme" (Klafki, 2007, S. 56ff.) konkretisiert werden.

Feuser bezieht sich dabei auf Klafki; mit der Analyse der Sachstruktur (Feuser, 2002, S. 286) legt er seinem Ansatz im Prinzip die didaktische Analyse von Klafki zugrunde. Der Bildungsinhalt, der als „gemeinsamer Gegenstand" zum Bildungsgehalt wird, besteht also auch bei Feuser nicht im Lerngegenstand, sondern in der kategorialen Einsicht, die mit diesem ermöglicht wird. Bildungsgehalt wäre zum Beispiel nicht, zu erkennen, dass Eis zu Wasser (und somit flüssig) wird, wenn es warm wird, sondern am Beispiel von Eis und Wasser zu erkennen, dass Materialien unterschiedliche Aggregatzustände haben, dass dieses Prinzip für alle Materialien gilt und welche alltagspraktische Bedeutung es hat. Feuser erweitert diesen Ansatz um förderdiagnostische Überlegungen: Die Analyse der Sachstruktur wird durch die Analyse der Tätigkeitsstruktur sowie durch die Analyse der Handlungsstruktur ergänzt (vgl. Feuser, 2002, S. 286f.). Die Analyse der Tätigkeitsstruktur bedeutet dabei, für jede einzelne Schülerin und jeden einzelnen Schüler festzustellen, auf welcher Stufe der Motiventwicklung er oder sie sich befindet und zu prüfen, welche Entwicklungsstufe sich bereits anbahnt (hier finden sich Feusers Bezüge zu Vygotskij und Leontjew). Aus der Analyse der Tätigkeitsstruktur der einzelnen Schülerin bzw. des einzelnen Schülers und der Analyse der Sachstruktur resultiert schließlich die Analyse der Handlungsstruktur, bei der danach gefragt wird, wie welche Schülerin bzw. welcher Schüler mit dem jeweiligen Bildungsinhalt arbeiten kann, sodass er ihr oder ihm zum Bildungsgehalt wird – vielleicht gibt es Schülerinnen oder Schüler, die das Eis in der Hand schmelzen und zuschauen, wie es flüssig wird, während andere genaue Beobachtungsprotokolle anfertigen, wieder andere die Erkenntnisse mit Alltagsbeobachtungen verknüpfen oder eigene Fragen stellen und prüfen, ob und unter welchen Bedingungen das Wasser wieder zu Eis wird und ob das mit Olivenöl auch geht und dabei feststellen, dass Olivenöl bereits im Kühlschrank fest wird, Wasser hingegen nur im Eisfach. Alle Schülerinnen und Schüler in diesem Beispiel beschäftigen sich dadurch mit unterschiedlichen Bildungs*inhalten*, die sich jedoch auf den gleichen Bildungs*gehalt* beziehen: unterschiedlichen Aggregatzuständen und den Übergängen zwischen diesen; und am Ende des Beispiels kann auf dieser Grundlage eine gemeinsame Reflexion des Gelernten erfolgen.

Seitz führt diesen Ansatz weiter, indem sie den Gemeinsamen Gegenstand von den tatsächlichen Aktivitäten der Kinder ausgehend denkt (vgl. Seitz, 2006): Unter der Prämisse, dass den Schülerinnen und Schülern Material zu einem Lerngegenstand zum freien Arbeiten zur Verfügung gestellt wird, besteht die Rolle der Lehrkraft darin, zu erfassen, welche inhaltlichen Ähnlichkeiten in der Beschäftigung mit dem jeweiligen Lerngegenstand bei den Schülerinnen und Schülern zu finden sind. Diese Ähnlichkeiten bilden den Gemeinsamen Gegenstand. Auf diese Weise wird der Gemeinsame Gegenstand nicht von der Lehrkraft vorgegeben, sondern anhand der inhaltlichen Beschäftigung der Schülerinnen und Schüler gemeinsam mit diesen rekonstruiert.

Dieser eher kursorische Spaziergang durch drei bildungstheoretisch orientierte didaktische Ansätze wird in Kap. 3 vertieft.

2.2 Akzeptanz von Vielfalt

Aus dem in Kap. 1 beschriebenen Inklusionsbegriff sowie dem in Kap. 2.1 beschriebenen Bildungsbegriff sowie dessen didaktischen Implikationen lässt sich eine wesentliche Voraussetzung für einen an den Prinzipien der Inklusion orientierten Unterricht ableiten: Wenn Inklusion bedeutet, dass alle Personen, die sich innerhalb einer Institution auf einer Hierarchieebene befinden, gleichrangig partizipieren (vgl. Kap. 1) und alle Schülerinnen und Schüler gemeinsame Bildungsgehalte erwerben sollen (vgl. Kap. 2.1), kann sie nur dann umgesetzt werden, wenn die individuellen Unterschiede und Zugangsweisen der Schülerinnen und Schüler von allen Beteiligten – pädagogischem Personal, aber auch Mitschülerinnen und Mitschülern sowie Eltern – akzeptiert und produktiv für das Lernen verwendet sowie Selektions- und Stigmatisierungstendenzen in der Lerngruppe vermieden werden (vgl. Sander, 2004; Löser & Werning, 2013, S. 22). Eine pädagogische Sichtweise auf Inklusion setzt also voraus, dass individuelle Unterschiede wahrgenommen und ggf. thematisiert werden, dass diese aber nicht dazu verwendet werden, eine Hierarchie zu begründen. Dies gilt nicht nur bezogen auf Schülerinnen und Schüler mit sonderpädagogischem Förderbedarf, sondern für alle Schülerinnen und Schüler – insbesondere aber für solche, die gesellschaftlich benachteiligten Gruppen angehören (vgl. Abschnitt 1). Die so beschriebene inklusive Grundhaltung enthält zwei Ebenen:

1. Die Einstellungsebene, d.h. Inklusion setzt eine positive Einstellung zu Unterschieden voraus sowie eine Bereitschaft, entsprechend zu handeln, und
2. die Handlungsebene, auf der die Akzeptanz von Unterschieden letztendlich bedeutet, in persönlichen Beziehungen und in konkreten Interaktionssituationen eine nicht an Bedingungen geknüpfte Akzeptanz des Gegenübers zu vermitteln (vgl. Kap. 3.1). Diese müsste sich dann auch in der konkreten Unterrichtsgestaltung niederschlagen (vgl. Tausch & Tausch, 1998, S. 247ff.).

Grundlage eines Inklusion unterstützenden Unterrichts ist somit, in der alltäglichen Interaktion zu verdeutlichen, dass alle Kinder bzw. Jugendlichen und Erwachsenen der Gruppe als inklusive Gemeinschaft gesehen werden, in der Unterschiede akzeptiert werden, damit die unterschiedlichen Gruppenmitglieder sich gegenseitig anregen und voneinander lernen können (vgl. Kron, 2009; Textor, 2012). Zwar muss davor gewarnt werden, die Schulklasse als Gruppe ideologisch zu überhöhen, da es sich letztendlich um eine Zwangsgemeinschaft von Individuen handelt (vgl. Paffrath, 1994, S. 127; Kap. 3.3), und es ist zuzugestehen, dass das Akzeptieren eines jeden Individuums in einer solchen Zwangsgemeinschaft ein sehr hoher Anspruch ist. Dennoch – wenn Inklusion auch soziale Integration umfasst, ist es für eine Inklusion unterstützende Didaktik zentral, durch die Art der Unterrichtsgestaltung und der Beziehungsgestaltung in Unterricht und Schulleben inklusive Prozesse in der Lerngruppe zu unterstützen. In diesem Bereich sind die in Abschnitt 2.1 diskutierten didaktischen Modelle durchaus noch ergänzungsbedürftig.

3. Schlussfolgerungen: eine schülerzentrierte Didaktik für inklusive Lerngruppen – das Bielefelder Modell

3.1 Das Fundament: inklusive Grundhaltungen im Umgang mit Verschiedenheit

Zur genaueren Beschreibung dessen, was mit „Akzeptanz von Vielfalt" (vgl. Kap. 2.2) gemeint ist, wird im Folgenden auf den personenzentrierten Ansatz (Rogers, 1983, 1989, 1994; Tausch & Tausch, 1998) zurückgegriffen. Diesem Ansatz liegen zwei Prämissen zugrunde: Erstens die Annahme, dass jedes Individuum „in einer ständig sich ändernden Welt der Erfahrung, deren

Mittelpunkt es ist", existiert[2] (Rogers, 1983, S. 418). Diese subjektiv wahrgenommene Realität stellt die Grundlage dar, auf der Personen agieren und reagieren; die subjektive Wahrnehmung bestimmt somit die Handlungen eines Individuums (Rogers, 1983, S. 421; vgl. Textor, 2007, S. 36). Die zweite Prämisse besteht in der Annahme, dass jeder Mensch das Bedürfnis hat, sich weiterzuentwickeln – und zwar in eine Richtung, die zu mehr positiver Beachtung durch andere Personen führt *und* dazu, dass die Selbstachtung steigt oder zumindest gewahrt wird. Dieses grundlegende Bedürfnis nach positiver Weiterentwicklung wird etwas sperrig „Aktualisierungstendenz" genannt (vgl. Rogers, 1989, S. 49; Rogers, 1994, S. 491).

Vor dem Hintergrund dieser beiden Prämissen formuliert Rogers drei Grundhaltungen, die dazu führen, dass diese Aktualisierungstendenz positiv wirksam wird:

1. Akzeptanz, d.h. eine nicht an Bedingungen geknüpfte positive Wertschätzung. Das bedeutet nicht, alle Verhaltensweisen und Einstellungen des Gegenübers gutzuheißen oder auch nur zu billigen; die Schülerin oder der Schüler muss aber spüren können, dass die Beziehung zwischen ihr oder ihm und der Lehrkraft durch solche Diskrepanzen nicht beeinträchtigt ist (vgl. Rogers, 1989, S. 35; Rogers, 1994, S. 482; Tausch & Tausch, 1998, S. 130). Die Grundhaltung Akzeptanz hängt also eng mit der Realisierung einer gleichberechtigten Partizipation zusammen, die unabhängig von individuellen Voraussetzungen ist; die Begriffe sind aber nicht deckungsgleich: Akzeptanz bedeutet, dass eine Lehrkraft jeder Schülerin und jedem Schüler unabhängig von Bedingungen, wie z.B. der Erfüllung oder Nicht-Erfüllung bestimmter Verhaltens- oder Leistungsnormen, Wertschätzung entgegenbringt, sie oder ihn als ihre Schülerin bzw. ihren Schüler annimmt und sich für ihr oder sein Lernen zuständig fühlt. Der Begriff der gleichberechtigten Partizipation bezeichnet hingegen eher auf einer formalen Ebene die Teilhabemöglichkeiten. Beide Forderungen haben gemeinsam, dass sie für das praktische Handeln in der Schule bedeuten, auf feste Kategorisierungen zu verzichten und Stigmatisierungen zu vermeiden und jede Schülerin und jeden Schüler als Individuum wahr- und anzunehmen. Beide sind zugleich Voraussetzung und Ziel schulischer Bildungsprozesse. Die Forderung nach gleichberechtigter Partizipation ist aber im Ansatz eine politische, die nach Akzeptanz eine pädagogische.

---

2   Als „Erfahrung" wird alles bezeichnet, „was sich innerhalb des Organismus in einem bestimmten Augenblick abspielt und was potenziell der Gewahrwerdung zugänglich ist" (Rogers, 1989, S. 23). Dies schließt explizit auch Erinnerungen und nicht bewusste Erfahrungen ein, wenn diese die augenblickliche Situation beeinflussen. Als „Wahrnehmung" werden hingegen nur solche Erfahrungen bezeichnet, die tatsächlich vom Individuum wahrgenommen werden.

2. Empathie, d.h. der Versuch, die Welt mit den Augen der oder des Anderen zu sehen, ohne über ihre oder seine Wahrnehmungen zu urteilen, sie zu bewerten, zu analysieren oder zu diagnostizieren („als ob"-Position; Rogers, 1989, S. 37). Empathie wird auch als „genaues einfühlendes Verstehen" (Textor, 2007, S. 39; Tausch & Tausch, 1998, S. 178ff.) bezeichnet. Die Notwendigkeit von Empathie begründet sich in der Annahme, dass jedes Individuum über sein eigenes Erfahrungs- und Wahrnehmungsfeld verfügt (s.o.); dieses Feld bildet die Realität, auf die es reagiert. Das Verhalten einer anderen Person kann man daher am besten verstehen, indem man versucht, seine innere Realität zu ergründen und das Verhalten aus seiner Sicht zu sehen – und genau dies meint Empathie. Empathie hat zwei Effekte: Erstens wird die Schülerin oder der Schüler durch eine einfühlsame Lehrkraft dazu angeregt, seine eigene Realität genauer zu erkunden und auszudrücken (Selbstexploration); zweitens kann eine empathische Lehrkraft ihre Schülerinnen und Schüler besser verstehen und dadurch besser auf ihre oder seine Bedürfnisse Rücksicht nehmen (vgl. Tausch & Tausch, 1998, S. 180).

3. Kongruenz, d.h. die Übereinstimmung von Erfahrungen und Handlungen einer Person mit ihrem Selbstkonzept. Kongruenz wird auch mit Echtheit oder Aufrichtigkeit übersetzt, wobei damit dann nicht nur die Aufrichtigkeit anderen Personen gegenüber gemeint ist, sondern auch die sich selbst gegenüber: Kongruenz bedeutet nicht nur, dass die eigenen Wahrnehmungen ehrlich kommuniziert werden, sondern auch, dass möglichst viele Wahrnehmungen mit dem Selbstkonzept in Einklang gebracht werden können. Kongruenz bedeutet ausdrücklich nicht, dass eine Person alles sagt oder tut, was ihr durch den Kopf geht (vgl. Tausch & Tausch, 1998, S. 234f.), sondern schließt taktvolles Handeln ein. Letztendlich kann Kongruenz auch als „Korrekturvariable" für die anderen beiden Grundhaltungen, Akzeptanz und Empathie, interpretiert werden: Damit eine angst- und bedrohungsfreie, akzeptierende und einfühlende Atmosphäre entstehen kann, müssen Akzeptanz und Empathie auch wirklich empfunden und erfahren und nicht lediglich oberflächlich oder mithilfe angelernter Techniken kommuniziert werden (vgl. Rogers, 1989, S. 40; Rogers, 1994, S. 485; Tausch & Tausch, 1998, S. 214) – und bezogen auf Schule auch dann, wenn eine Lehrkraft unter massivem Handlungsdruck steht. Alle drei Grundhaltungen müssen somit sowohl auf der Ebene der Einstellungen als auch auf Ebene der konkreten Interaktionshandlungen (vgl. Kap. 2.2) vorhanden sein, um wirksam zu werden. Um dies zu erreichen, muss sich die Lehrkraft in einem hohen Maße über sich selbst bewusst sein, Akzeptanz und Empathie verinnerlicht haben und zu deren Kommunikation von einem großen Reaktionsspektrum spontan Gebrauch machen können. Kongruenz und Professionalität schließen sich also nicht gegenseitig aus.

Bereits in den 1970er Jahren wurden umfassende Untersuchungen über die Auswirkungen der Grundeinstellungen in der Schule mithilfe von Unterrichtsbeobachtungen und Einschätzung von Schülerinnen und Schülern sowie Lehrkräften durchgeführt; zum Teil wurde zusätzlich das Urteil der Schüler über ihre Lehrer, über ihre eigenen Lernprozesse und über ihre Einstellungen zum Unterricht erfragt. In diesen Untersuchungen stellte sich heraus, dass Schüler sowohl im emotionalen als auch im kognitiven Bereich umso besser lernen, je stärker ihre Lehrer die Grundeinstellungen Akzeptanz, Empathie und Kongruenz kommunizieren (vgl. Rogers, 1994, S. 501ff.; Davison & Neale, 1996, S. 632f.; Tausch & Tausch, 1998, S. 103ff.; Textor, 2007, S. 111ff.). In der Studie von Hattie (2009) wurde die Bedeutung einer positiven Beziehung zwischen Lehrkräften und Schülerinnen und Schülern erneut deutlich. Äußere Bedingungen wie z.B. die Klassengröße spielen bei der Kommunikation der Grundhaltungen keine wesentliche Rolle; wichtig scheint es aber zu sein, dass sich Lehrer mit ihrem eigenen Unterrichtsstil, ihren eigenen Einstellungen und ihrer eigenen Persönlichkeit auseinandersetzen (vgl. Tausch & Tausch, 1998, S. 377ff.).

Auf den ersten Blick ist der Zusammenhang zwischen den Grundeinstellungen des personenzentrierten Ansatzes und den bildungstheoretischen Überlegungen von Klafki und auf Klafki aufbauend von Feuser und Seitz nicht sonderlich einsichtig – was haben Akzeptanz, Empathie und Kongruenz mit „Bildung" zu tun? Vergegenwärtigt man sich jedoch, dass Bildung aus den Prinzipien Selbstbestimmungsfähigkeit, Mitbestimmungsfähigkeit und Solidaritätsfähigkeit in ihrem Zusammenhang besteht, ist die Verbindung leicht zu ziehen. So setzt Selbstbestimmungsfähigkeit ein gewisses Maß an Kongruenz – an Gewahrwerdung der eigenen Empfindungen und Wahrnehmungen und an mit diesen in Einklang stehendem Handeln – voraus; und Mitbestimmungsfähigkeit und Solidaritätsfähigkeit sind ohne ein Mindestmaß an Empathie und Akzeptanz, d.h. ohne den Versuch, die Realität der Mitschülerinnen und Mitschüler zu ergründen und diese im Konfliktfall als gleichberechtigt zur eigenen zu akzeptieren, ebenfalls kaum denkbar. Vielleicht können die genannten Grundhaltungen die von Klafki selbst benannte Lücke hinsichtlich des sozialen Lernens (vgl. Klafki, 2007, S. 258) schließen helfen.

3.2 Förderdiagnostisch abgesicherte Individualisierung

Akzeptanz von Vielfalt bedeutet jedoch nicht nur, in der alltäglichen Interaktion Wertschätzung zu kommunizieren, sondern – im Zusammenhang mit den Überlegungen zu Bildung in Kap. 2.1 – auch in der didaktischen Planung des Unterrichts. Vor diesem Hintergrund können drei Elemente des Prinzips der förderdiagnostisch abgesicherten Individualisierung ausgemacht werden:

1. die Frage nach geeigneten Formen der Förderdiagnostik und nach der Verbindung von Förderdiagnostik und didaktischem Handeln, die sichtbar machen, dass Vielfalt nicht als Störfaktor gesehen wird, sondern dass unterschiedliche Zugänge zum jeweiligen Bildungsgehalt förderlich sind,
2. die Frage nach methodisch sinnvollen Formen der Individualisierung – wobei „methodisch sinnvoll" bedeutet, dass die konkrete Ausführung der Individualisierung erlaubt, wertschätzend im Unterricht miteinander zu kommunizieren, beispielsweise, indem Bloßstellung oder Segregation vermieden wird, und
3. die Frage nach der inhaltlichen Dimension von Individualisierung – denn gerade auch die Vielfalt der Lernzugänge und der inhaltlichen Bedeutungszuschreibungen und Interessen gilt es im inklusiven Unterricht aufzunehmen und produktiv zu nutzen.

Zu 1. Verbindung von Förderdiagnostik und didaktischem Handeln: Um in heterogenen Lerngruppen jeder Schülerin und jedem Schüler einen passenden Zugang zum Gemeinsamen Gegenstand – dem Bildungsgehalt, den sich die Lerngruppe gemeinsam aneignet bzw. der von allen Schülerinnen und Schülern gemeinsam erarbeitet wird – zu ermöglichen, wird im Bielefelder Modell einer Inklusion unterstützenden Didaktik (vgl. Kullmann et al., 2014; Textor, Kullmann & Lütje-Klose, 2014) gefordert, Förderdiagnostik und Individualisierung so zu koppeln, dass für jede Schülerin und jeden Schüler ein individualisiertes, förderdiagnostisch begründetes Curriculum vorliegt, in dem das individuelle Leistungspotenzial und die jeweils individuellen Bedeutungszuschreibungen der Schülerinnen und Schüler (die sich wiederum in ihren Interessen zeigen) berücksichtigt werden, das aber mit den Curricula der anderen Schülerinnen und Schüler inhaltlich verbunden ist. Ziel ist, dass jede Schülerin und jeder Schüler individuell auf dem für sie oder ihn passenden Niveau und mit dem individuell passenden Zugang lernt, gleichzeitig aber die Lerngruppe an einem gemeinsamen Bildungsinhalt arbeitet, der allen Schülerinnen und Schülern zum Bildungsgehalt werden soll (vgl. Abschnitt 2.1). Das individuelle Curriculum braucht nicht bis ins letzte Detail ausformuliert zu sein – die Erfahrung zeigt, dass es sinnvoller ist, die Fernziele in einer Art Jahresplan im Blick zu haben und sich wenige Nahziele zu setzen, die in einem überschaubaren Zeitraum erarbeitet werden können (vgl. Preuss-Lausitz & Gloystein, 2005).

Die Förderdiagnostik kann dabei sehr niedrigschwellig erfolgen – z.B. anhand von fragegeleiteten Alltagsbeobachtungen oder der Analyse von Arbeitsergebnissen. Förderdiagnostik findet also beispielsweise auch statt, wenn eine Lehrkraft die Arbeitshefte ihrer Schülerinnen und Schüler unter der Fragestellung durchsieht, was welche Schülerin bzw. welcher Schüler schon gut kann und was sie oder er noch üben muss. Sie sollte auch die Selbsteinschätzung der Schülerinnen und Schüler enthalten; auf jeden Fall aber sollte sie auf das individuelle Curriculum bezogen sein.

Die Verbindung von Förderdiagnostik und Didaktik ist bei Feuser (2002) in der Analyse der Tätigkeitsstruktur und in der Analyse der Handlungsstruktur enthalten (vgl. Kap. 2.1); in allgemeindidaktischen Ansätzen wird sie in der Regel nur angedeutet: In der kritisch-konstruktiven Didaktik wird beispielsweise zwar die Analyse der Ausgangsbedingungen der Schülerinnen und Schüler zur Planung und Reflexion herangezogen (vgl. Klafki, 2007, S. 272), es wird jedoch nicht weiter spezifiziert, wie genau diese erhoben werden könnten. Die Verbindung von Ausgangsbedingungen der Schülerinnen und Schüler auf der einen und Bildungsinhalten auf der anderen Seite wird bei Klafki jedoch gezogen, indem ein Bildungsinhalt nur dann zum Bildungsgehalt werden kann, wenn er gegenwärtig und (vermutlich) zukünftig für die Schülerinnen und Schüler bedeutsam ist und sie an ihm exemplarisch lernen können. Ein Bildungsinhalt kann aber nur dann eine Gegenwartsbedeutung besitzen, wenn er sich ungefähr im Horizont der Schülerinnen und Schüler befindet. Zumindest die Forderung nach Gegenwartsbedeutung setzt also voraus, dass die Lehrkraft die inhaltlichen Interessen und das Leistungspotenzial der Schülerinnen und Schüler wenigstens grob einschätzen kann.

Die Ergebnisse aus der Unterrichtsforschung weisen darauf hin, dass eine solche Verbindung von Förderdiagnostik durchaus lernwirksam sein kann: So hat sich herausgestellt, dass „Feedback im Sinne von individuellen Informationen darüber, wie gut welche Aufgaben von welchem Schüler gelöst wurden, für die Leistungsentwicklung von Schülerinnen und Schülern wie auch für die Unterrichtsentwicklung der Lehrkräfte von besonderer Bedeutsamkeit ist" (Kullmann et al., 2014a, S. 97; vgl. Hattie, 2009, S. 173ff.; Huber, 2009, S. 246f.; Huber & Grosche, 2012, S. 316).

Zu 2. methodisch sinnvolle Individualisierung[3]: Unter der Voraussetzung, dass inklusiver Unterricht bedeutet, dass eine Lerngruppe sich einen gemeinsamen Bildungsgehalt zugänglich macht, erscheinen methodische Formen der Individualisierung, die darauf hinauslaufen, dass jede Schülerin und jeder Schüler sein eigenes Material bearbeitet, wie dies z.B. beim Einsatz von Arbeitsheften und Lernkarteien im Rahmen von Freiarbeit häufig der Fall ist, wenig zielführend – zumindest, wenn dies einen hohen Anteil der gemeinsamen Lernzeit einnimmt. Andere Formen des Offenen Unterrichts eignen sich jedoch gut zur Individualisierung in inklusiven Lerngruppen, insbesondere dann, wenn sie durch gemeinsame Reflexionen ergänzt werden, die nicht nur methodische, sondern auch inhaltliche Aspekte umfassen. Da sich Offene Unterrichtsformen über den Grad der Mitbestimmung der Schülerinnen und

---

3   Der Themenkomplex innere Differenzierung und offener Unterricht kann hier nur relativ
     kurz abgehandelt werden. Zum Vertiefen empfiehlt sich Textor, 2015.

Schüler definieren (vgl. Textor, 2010), haben sie den Vorteil, dass die Schüler selbst über die Aufgaben, an denen sie arbeiten, mitentscheiden können und dadurch ein hohes Maß an Adaption erfolgen kann. Empfohlen werden insbesondere zwei Arrangements zur Individualisierung im Offenen Unterricht: Das Lernen in Projekten (vgl. Abschnitt 3.3) und die „Selbstdifferenzierung", bei der die Aufgabenstellung für alle Schülerinnen und Schüler der Lerngruppe die gleiche ist und „die Differenzierung sozusagen durch die Bearbeitung der Kinder selbst erfolgt, dadurch dass sie die Aufgabe auf ihrem jeweiligen Lern- und Entwicklungsstand bearbeiten" (Demmer-Dieckmann, 2001, S. 119). Mit diesen beiden Formen der Individualisierung kann gleichzeitig eine passgenaue Individualisierung auf der einen und das Lernen am gemeinsamen Gegenstand auf der anderen Seite ermöglicht werden (vgl. Feuser, 2011, S. 93ff.). Insgesamt lässt sich also – gestützt auch durch Ergebnisse der empirischen Unterrichtsforschung – die These aufstellen, dass es vor allem relevant ist, *wie* der Unterricht individualisiert wird. Das bloße „ob" ist hingegen wenig aussagekräftig (vgl. Kullmann et al., 2014a, S. 98; Textor, 2007, S. 210ff.).

Zu 3. inhaltliche Dimension von Individualisierung: Zu diesen Überlegungen zum „Wie" der Individualisierung passt, dass bereits Klafki in seinem Konzept fordert, Allgemeinbildung „als *Bildung in allen Grunddimensionen menschlicher Interessen und Fähigkeiten*" zu verstehen (Klafki, 2007, S. 54, Hervorhebungen im Original). Hierunter fasst er kognitive Interessen und Fähigkeiten, aber auch solche im handwerklichen, technischen und hauswirtschaftlichen Bereich, im körperlichen und motorischen Bereich, im sozialen Bereich, im ästhetischen Bereich sowie im ethischen und politischen Bereich. Für die Individualisierung kann dies heißen, nicht nur die Schwierigkeit von Aufgaben oder den Arbeitsumfang zu differenzieren, sondern auch unterschiedliche Zugänge anzubieten und Interessen in unterschiedlichen Bereichen gerecht zu werden.

Dies kann in inhaltlicher Differenzierung stattfinden, z.B. wenn im Rahmen von Projektarbeit gelernt wird (vgl. Abschnitt 3.3). Zur Differenzierung nach Interessen kann es aber auch im Rahmen inklusiver Schule sinnvoll sein, eine äußere Differenzierung durchzuführen, solange alle Schülerinnen und Schüler bei der Wahl der Kurse und bei der Zuordnung zu den Kursen gleichberechtigt sind. Dies findet beispielsweise im Kurssystem der Laborschule Bielefeld statt: Dieses stellt eine äußere Differenzierung nach Interessen dar, wobei alle Schülerinnen und Schüler gleichberechtigt ihre Kurse wählen können – eine Zuordnung nach (vermuteter) Leistungsfähigkeit wird nicht vorgenommen. In diesem Modell wählen die Schülerinnen und Schüler in den Jahrgängen fünf bis sieben („Stufe III") zwei Wahlgrundkurse und in den Jahrgängen acht bis zehn („Stufe IV") zusätzlich einen Leistungskurs; der Unterricht in diesen Kursen ist innerhalb der jeweiligen Stufe jahrgangsübergreifend. Diese Kurse sprechen unterschiedliche Interessensbereiche an, z.B. schließt das Angebot der Wahlgrundkurse die zweite Fremdsprache (Latein oder Französisch) ein, aber auch beispielsweise Schülerzeitung, Tanz, Technik, Textilwerkstatt, Schach oder einen Computerkurs. Das Leistungskursangebot ist stärker an den Unterrichtsfächern orientiert, aber auch hier werden unterschiedliche „Grunddimensionen menschlicher Interessen und Fähigkeiten" (Klafki, 2007, S. 54) berücksichtigt: Hier umfasst das Angebot z.B. eine Schreibwerkstatt im Rahmen des Deutschunterrichts, Mathematik, Englisch, Naturwissenschaften, aber auch Ökologie oder Theater. Darüber hinaus werden in Stufe IV drei Jahresarbeiten geschrieben, die außerhalb des Unterrichts selbstständig zu einem selbst gewählten Thema erstellt werden; eine dieser Jahresarbeiten muss theoretisch sein, die übrigen beiden können je nach Interessen der Schülerinnen und Schüler theoretisch oder praktisch sein.

3.3 Soziale Integration der Lerngruppe

Die Notwendigkeit, die soziale Integration der Lerngruppe durch die didaktische Gestaltung des Unterrichts zu fördern, wurde bereits verschiedentlich angesprochen: Auch die soziale Integration ist Bestandteil von Inklusion, zumindest dann, wenn man den Begriff „Inklusion" nicht rechtlich fasst, sondern pädagogisch. Entsprechend beschreibt bereits Feuser (1989; 2002, vgl. Kap. 2.1) als „Momente eines nicht zu unterschreitenden und unveräußerlichen didaktischen Fundamentums" neben der Individualisierung und der Inneren Differenzierung „die ‚Kooperative Tätigkeit' (der Subjekte einer sozialen Gemeinschaft mit dem Ziel der Realisierung der Qualitäten eines Kollektivs) an einem ‚Gemeinsamen Gegenstand' (sie konstituiert das Moment des Demokratischen)" (Feuser, 2002, S. 284; vgl. Kap. 2.1). Man kann zwar das Ziel der „Realisierung der Qualitäten eines Kollektivs" und die damit verbundene „Erziehung zur Gemeinschaft durch Gemeinschaft" (Paffrath, 1994, S. 127) durchaus kritisch sehen, denn Schulklassen sind zunächst einmal Zwangsgemeinschaften, in denen die einzelnen Schülerinnen und Schüler nicht nur zusammen lernen, sondern *auch* in Konkurrenz treten – um die Zuwendung von Lehrkräften oder Mitschülerinnen und Mitschülern, um gute Noten etc. (vgl. Paffrath, 1994, S. 127f.; Fend, 1991; Petillon, 1991; Rost & Czeschlik, 1994) – woraus sich leicht Ausgrenzungsprozesse entwickeln oder Hierarchien unter den Schülerinnen und Schülern bilden können. Dennoch stellt Schule aus Sicht der Schüler gleichzeitig eine Lebenswelt dar, in der sie einen Großteil ihrer Zeit verbringen, in der sie sich wohl fühlen und Freunde gewinnen möchten sowie Zeit mit diesen verbringen wollen (vgl. Preuss-Lausitz, 1999). Wird ein auf positiver Wertschätzung (vgl. Abschnitt 3.1) basierender Umgang in der Klasse und in der Schule angestrebt, reicht es allerdings nicht, diesen durch mehr oder weniger isolierte Veranstaltungen zum sozialen Lernen erreichen zu wollen, sondern dieser muss auch durch einen didaktisch entsprechend gestalteten Unterricht unterstützt werden – zumal ansonsten die „heimliche soziale Erziehung" (Paffrath, 1994, S. 128) der eigentlich intendierten möglicherweise zuwiderlaufen würde.

Um dies zu erreichen, kommen gerade in sehr heterogenen Lerngruppen verschiedene Varianten der Schülerkooperation infrage, die auf unterschiedliche Art und Weise Individualisierung mit sozialer Integration verbinden und soziales Lernen ermöglichen: Projektarbeit (vgl. Thurn, 1997), kooperative Lernformen (vgl. Bosoanca, Koch, Seidensticker, Sörensen & Kirchhoff, im Druck; Büttner, Warwas & Adl-Amini, 2012) oder Peer-Tutorensysteme (Büttner et al., 2012)[4], aber auch z.B. Klassenversammlungen, wie die Freinet-Pädagogik sie vorsieht (vgl. Glorian, 2004), um Lerninhalte mit der gesamten Gruppe zu reflektieren und zu theoretisieren, damit sie zu Bildungsgehalten der gesamten Gruppe werden können.

3.4 Multiprofessionelle Kooperation

Für die Individualisierung in inklusiven Lerngruppen stehen Ressourcen in Form von sonderpädagogischen Lehrkräften oder Integrationshelferinnen und -helfern in unterschiedlichem Umfang zur Verfügung. Diese Ressourcen müssen in den Unterricht eingebunden werden – und zwar möglichst so, dass sie individualisiertes Lernen am Gemeinsamen Gegenstand für alle Schülerinnen und Schüler, besonders aber für benachteiligte Gruppen[5], fördern; äußere Differenzierung sollte also in möglichst geringem Maße eingesetzt werden (vgl. Abschnitt 3.2 und 3.3). Für den gemeinsamen Unterricht von zwei Lehrkräften können dabei unterschiedliche Formen des Co-Teachings unterschieden werden (vgl. Lütje-Klose & Urban, 2014): So gibt es z.B. die Variante, dass eine Lehrkraft unterrichtet und die andere beobachtet (one teach – one observe) oder die Variante, dass eine Lehrkraft zeitweilig für eine bestimmte Gruppe von Schülerinnen und Schülern zuständig ist, die in innerer oder ggf. auch äußerer Differenzierung besonders gefördert wird, während die andere Lehrkraft für diese Zeit die Verantwortung für den Rest der Klasse übernimmt (remedial teaching). Die wohl anspruchsvollste, aber gleichzeitig für inklusive Lerngruppen empfohlene Variante ist das Team-Teaching: In dieser Form des Co-Teaching unterrichten beide Lehrkräfte gleichberechtigt und übernehmen

---

4 Zumindest zum kooperativen Lernen und zum Peer-Tutoring gibt es auch Studien aus der empirischen Unterrichtsforschung, die deren Nutzen für das Lernen in inklusiven Lerngruppen belegen (vgl. Büttner et al., 2012).

5 Dies müssen nicht zwingend Schülerinnen und Schüler mit sonderpädagogischem Förderbedarf sein, sondern können z.B. auch Schülerinnen und Schüler mit sprachlichen Schwierigkeiten oder bei bestimmten Unterrichtsinhalten Jungen oder Mädchen sein.

gemeinsam die Verantwortung für die gesamte Lerngruppe. Günstig ist es dafür, wenn die Lehrkräfte auch gemeinsam den Unterricht vorbereiten.

Um im Co-Teaching und insbesondere im Team-Teaching zu unterrichten, sind Unterrichtsformen, die auf der Selbsttätigkeit der Schülerinnen und Schüler beruhen, wie z.B. offene Unterrichtsformen, in besonderem Maße geeignet, denn einerseits sind geöffnete und adaptive Arbeitsformen deutlich einfacher zu realisieren, wenn die förderdiagnostischen Beobachtungen und die Arbeitskraft von zwei Lehrkräften – die möglicherweise zusätzlich noch aus unterschiedlichen Perspektiven den Unterricht wahrnehmen und unterschiedliche Sichtweisen auf Unterricht haben – in deren Vorbereitung und Durchführung einfließen, und andererseits ist Co-Teaching und insbesondere Team-Teaching in geöffneten und adaptiven Unterrichtsformen viel leichter umsetzbar als in gleichschrittigem Frontalunterricht. Dies hängt mit der veränderten Rolle der Lehrkraft zusammen: In adaptiven und vor allem in geöffneten Unterrichtsformen bestehen die Aufgaben der Lehrkräfte im Vorfeld des Unterrichts vor allem darin, eine didaktisch sinnvolle Lernumgebung vorzubereiten; im Unterricht selbst nehmen sie eher die Rolle als Unterstützer und Förderer der Lernprozesse, die von den Lernenden selbst bestimmt werden, ein. Dazu gehört,

– auf ein geeignetes Klassen- und Arbeitsklima zu achten,
– die Lernzeit zu strukturieren oder strukturieren zu helfen,
– bei Bedarf individuelle oder kleingruppenbezogene Hilfestellung zu geben,
– bei Bedarf den Lernprozess strukturieren zu helfen,
– Förderdiagnostik durchzuführen sowie
– den Lernprozess mit den Schülerinnen und Schülern zu reflektieren.

Damit Co-Teaching gut gelingen kann, ist eine akzeptierende, empathische und kongruente Grundhaltung der Lehrkräfte bzw. der weiteren Mitarbeiterinnen und Mitarbeiter in der Klasse basal (vgl. Kap. 3.1), denn ein gewisses Maß an gegenseitiger Akzeptanz und an gegenseitigem Verstehen ist Voraussetzung dafür, dass die Erwachsenen sich im Unterricht und bei der Unterstützung der Schülerinnen und Schüler gegenseitig ergänzen und Konflikte im Team, die unvermeidbar sind (vgl. Kreie, 1985), bewältigen können. Außerdem kann so die Kommunikation unter den beiden Lehrkräften im Sinne des Lernens am Modell wirksam werden und auch zu mehr Akzeptanz im Umgang der Schülerinnen und Schüler führen. In einer Berliner Studie, für die in 22 Grundschulklassen mit Integration von Schülerinnen und Schülern mit dem Förderschwerpunkt emotionale und soziale Entwicklung Unterricht beobachtet wurde, stellte sich heraus, dass in doppelt besetzten Unterrichtsstunden tatsächlich häufiger binnendifferenzierter Unterricht stattfand, als wenn eine Lehrkraft alleine im Unterricht war. Geöffnete Unterrichtsformen wurden in doppelt besetzten Stunden allerdings nicht häufiger beobachtet als in einzeln besetzten (vgl. Textor, 2007, S. 190f.). Weiterhin erwies sich das gemeinsame Unterrichten von zwei

Lehrkräften auch für das aufgabenbezogene Verhalten von Schülerinnen und Schülern mit dem Förderschwerpunkt emotionale und soziale Entwicklung als günstig: blieben beide Lehrkräfte gemeinsam im Unterrichtsraum, arbeiteten die Schüler mit diesem Förderschwerpunkt in deutlich höherem Maße aufgabenbezogen, als wenn eine Lehrkraft den Raum verließ – unabhängig davon, ob die beobachtete Schülerin bzw. der beobachtete Schüler alleine oder im Rahmen einer Kleingruppe mit der Lehrkraft hinausging oder im Klassenraum blieb (vgl. Textor, 2007, S. 219). Die Vermutung, dass dieses Ergebnis dadurch beeinflusst sein könnte, dass dem Verlassen des Klassenraumes zumindest in einigen Fällen eine eskalierende Konfliktsituation im Unterricht vorausging, konnte anhand der Beobachtungsprotokolle widerlegt werden – ein Konflikt war in keiner der beobachteten Stunden der Grund für das Verlassen des Unterrichtsraums. Daher sind die Ergebnisse so zu interpretieren, dass die Anwesenheit von zwei Lehrkräften vermutlich den Schülerinnen und Schülern Sicherheit bei der Aufgabenbearbeitung gibt, ohne zu etikettieren. Die soziale Kontrolle durch die Lehrkraft ist hingegen auch gegeben, wenn die Schülerinnen und Schüler in einer Kleingruppe oder einzeln mit einer Lehrkraft den Raum verlassen und scheint daher weniger relevant zu sein.

4. Fazit

Folgende Prinzipien einer Inklusion unterstützenden Didaktik haben sich also bewährt:
– Die Grundhaltungen Akzeptanz, Empathie und Kongruenz – insbesondere bezogen auf die Unterschiedlichkeit der Schülerinnen und Schüler – als Fundament,
– förderdiagnostisch abgesicherte Individualisierung,
– soziale Integration der Lerngruppe und
– multiprofessionelle Kooperation im Unterricht.

In einem Versuch, diese Leitprinzipien anhand von Experteninterviews mit vier Teams aus jeweils einer Grundschullehrkraft und einer sonderpädagogischen Lehrkraft sowie einem Fachberater für Inklusion einem Praxistest zu unterziehen, ergab sich, dass die befragten Experten insbesondere den oben angesprochenen Grundhaltungen ein großes Gewicht zumaßen (vgl. Kullmann, Lütje-Klose, Textor, Berard & Schitow, 2014b; Textor, Kullmann & Lütje-Klose, 2014). Auch hier finden sich beide in Kap. 2.2 genannten Aspekte: eine akzeptierende Haltung auf der Ebene grundsätzlicher Einstellungen und Bereitschaften (vgl. Kullmann et al., 2014b) und die Kommunikation von Akzeptanz, die auf der Handlungsebene als Basis wahrgenommen wird (vgl. Textor et al., 2014,

S. 76ff.). Interessanterweise waren in dieser Untersuchung die Überlegungen der Expertinnen und Experten zum Co-Teaching so eng mit den Überlegungen zur Binnendifferenzierung bzw. Äußeren Differenzierung verknüpft, dass sich im induktiven Prozess der Inhaltsanalyse zum Co-Teaching keine eigenen Kategorien ergaben, die trennscharf gegenüber den Kategorien zur Differenzierung gewesen wären (vgl. Textor et al., 2014, S. 85f.). Dies zeigt allerdings auf der anderen Seite, dass es durchaus sinnvoll ist, Überlegungen zum Co-Teaching in einen didaktischen Ansatz, der das Lernen in inklusiven Lerngruppen unterstützen soll, aufzunehmen.

Insgesamt stehen diese Leitprinzipien also weder in der Theorie noch in der Praxis unabhängig voneinander (vgl. Abb. 2): Während die Grundhaltungen des Personenzentrierten Ansatzes die Grundlage bilden, auf der die Unterrichtsplanung und die Kommunikation im Unterricht erfolgen, stehen die Prinzipien der förderdiagnostisch abgesicherten Individualisierung und der sozialen Integration der Lerngruppe in enger Wechselwirkung zueinander – die in der Literatur aber uneinheitlich markiert wird: Werning und Lütje-Klose (2012, S. 154ff.) bezeichnen das Verhältnis von Individualisierung und sozialer Integration als „Spannungsfeld", während Feuser (2002) mit der Forderung nach individualisiertem Lernen am gemeinsamen Gegenstand (vgl. Kap. 2.1) die Verbindung von beiden fordert. Die Ausführungen in Kap. 3.2 und 3.3 machen jedenfalls deutlich, dass diese beiden Prinzipien für die Unterrichtsplanung und -analyse gemeinsam berücksichtigt werden müssen, wenn Unterricht inklusiv sein soll.

Die Art der multiprofessionellen Kooperation hängt hingegen sehr eng sowohl mit der Art der Individualisierung als auch mit dem gemeinsamen Lernen sowie dem Verhältnis zwischen beiden zusammen: Die Art, wie die Lehrkräfte ihre Kooperation organisieren, beeinflusst die Möglichkeiten für die Schülerinnen und Schüler, gemeinsam zu arbeiten, aber auch den Grad der Individualisierung und die jeweilige unterrichtsmethodische Einbindung. Eine Didaktik, die schulische Inklusion unterstützt, muss daher inklusive Werte einfordern, die Verbindung von Individualisierung und sozialer Integration in ihr Zentrum stellen und außerdem Förderdiagnostik und Co-Teaching didaktisch einbinden.

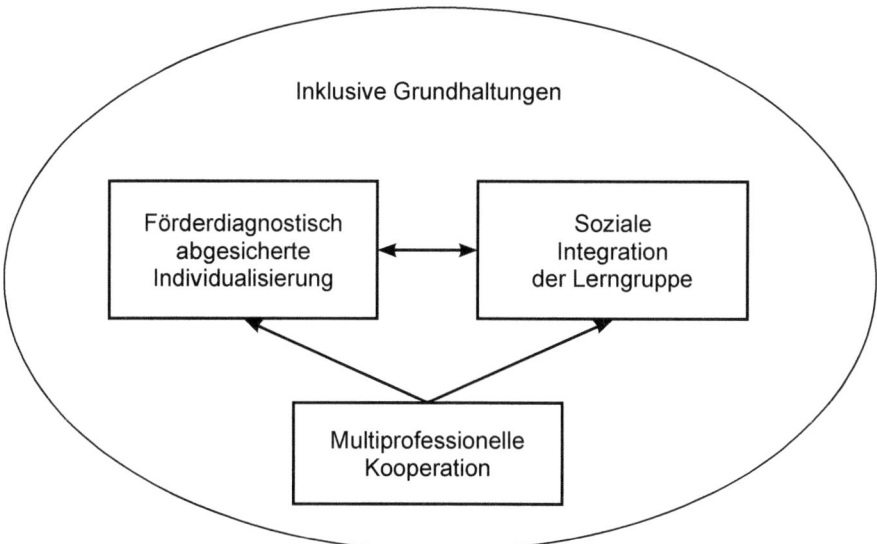

Abb. 2:   Modell einer Inklusion unterstützenden Didaktik – angelehnt an das Bielefelder Modell (Kullmann et al., 2014)

Die Ausstattung mit Ressourcen für die Inklusion kann somit zwar als eine
Grundlage schulischen Handelns gesehen werden, sie ist aber bei Weitem nicht
allein entscheidend dafür, wie erfolgreich mit Heterogenität umgegangen wird.
Bedingungen sind außerdem

– die Einstellung, Heterogenität in der eigenen Klasse zu akzeptieren und jede
   einzelne Schülerin und jeden einzelnen Schüler, jede Kollegin und jeden
   Kollegen so anzunehmen, wie sie oder er ist und sich in jede Einzelne und
   jeden Einzelnen einzufühlen,
– die Bereitschaft von Lehrkräften, den Umgang mit – in welcher Hinsicht
   auch immer – außergewöhnlichen Schülerinnen und Schülern als eigene
   Aufgabe anzusehen und
– Handlungskompetenzen; d.h. ein breites Methodenrepertoire, um auch in
   heterogenen Lerngruppen didaktisch sinnvoll fachliches und soziales Lernen
   anzuregen und dabei Individualisierung und die soziale Integration der
   Lerngruppe zu verbinden.

Weniger auf der didaktischen Ebene als auf der Ebene von Schulleben und
Schulentwicklung ist es außerdem hilfreich, wenn die Schule als Ganze ein
Konzept hat, wie sie mit Heterogenität umgeht.

Literatur

Balz, H.-J., Benz, B. & Kuhlmann, C. (2012). (Soziale) Inklusion – Zugänge und paradigmatische Differenzen. In H.-J. Balz, B. Benz & C. Kuhlmann (Hrsg.), *Soziale Inklusion. Grundlagen, Strategien und Projekte in der sozialen Arbeit* (S. 1–9). Wiesbaden: Springer.

Booth, T. & Ainscow, M. (2011). *Index for inclusion. Developing learning and participation in schools.* Bristol: Centre for Studies on Inclusive Education.

Bosoanca, B., Koch, B., Seidensticker, W., Sörensen, S. & Kirchhoff, M. (2015, im Druck). Kooperatives Lernen als ein Ansatz im inklusiven Unterricht? Didaktische Analyse anhand eines Unterrichtsvorhabens aus dem Fach Englisch. In B. Koch, N. Freke, H. Kullmann, A. Textor & T. Zenke (Hrsg.), *Inklusive Didaktik an der Laborschule Bielefeld.* Bad Heilbrunn: Klinkhardt.

Buch, T., Hell, S. & Wydra-Somaggio, G. (2011). Stigma Hauptschulabschluss? Der Einfluss der Schulbildung auf das Arbeitslosigkeitsrisiko an der zweiten Schwelle. *Zeitschrift für Erziehungswissenschaft, 14,* 421–443.

Büttner, G., Warwas, J. & Adl-Amini, K. (2012). Kooperatives Lernen und Peer Tutoring im inklusiven Unterricht. *Zeitschrift für Inklusion, 6* (1–2). Verfügbar unter: http://www.inklusion-online.net/index.php/inklusion/article/view/147/139 [26.03.2013].

Davison, G. C. & Neale, J. M. (1996). *Klinische Psychologie.* 4. überarb. Aufl. Weinheim: Beltz, PVU.

Demmer-Dieckmann, I. (2001). Leben und Lernen in der Primarstufe. Individualisierende Formen des Unterrichts. In I. Demmer-Dieckmann & B. Struck (Hrsg.), *Gemeinsamkeit und Vielfalt. Pädagogik und Didaktik einer Schule ohne Aussonderung* (S. 115–133). Weinheim: Juventa.

Fend, H. (1991). „Soziale Erfolge" im Bildungswesen – die Bedeutung der sozialen Stellung in der Schulklasse. In R. Pekrun & H. Fend (Hrsg.), *Schule und Persönlichkeitsentwicklung. Ein Resümee der Längsschnittforschung* (S. 217–237). Stuttgart: Ferdinand Enke.

Feuser, G. (1989). Allgemeine integrative Pädagogik und entwicklungslogische Didaktik. *Behindertenpädagogik, 28* (1), 4–48.

Feuser, G. (2002). Momente entwicklungslogischer Didaktik einer Allgemeinen (integrativen) Pädagogik. In H. Eberwein & S. Knauer (Hrsg.), *Integrationspädagogik. Kinder mit und ohne Beeinträchtigung lernen gemeinsam. Ein Handbuch* (6., überarb. Aufl.) (S. 280–297). Weinheim: Beltz.

Feuser, G. (2011). Entwicklungslogische Didaktik. In A. Kaiser, D. Schmetz, P. Wachtel & B. Werner (Hrsg.), *Didaktik und Unterricht* (S. 86–100). Stuttgart: Kohlhammer.

Glorian, K. (2004). *Eine reformpädagogische Klasse in der Sekundarstufe 1. Nach Ideen von Célestin Freinet und John Dewey.* Verfügbar unter: http://www.freinet.uni-bremen.de/ [08.10.2014].

Hattie, J. (2009). *Visible Learning. A Synthesis of over 800 Meta-Analyses Relating to Achievement.* London: Routledge.

Hinz, A. (2004). Vom sonderpädagogischen Verständnis der Integration zum integrationspädagogischen Verständnis der Inklusion!? In I. Schnell & A. Sander (Hrsg.), *Inklusive Pädagogik* (S. 41–74). Bad Heilbrunn: Klinkhardt.

Huber, C. (2009). Gemeinsam einsam? Empirische Befunde und praxisrelevante Ableitungen zur sozialen Integration von Schülern mit Sonderpädagogischem Förderbedarf im Gemeinsamen Unterricht. *Zeitschrift für Heilpädagogik, 60* (7), 242–248.

Huber, C. & Grosche, M. (2012). Das response-to-intervention-Modell als Grundlage für einen inklusiven Paradigmenwechsel in der Sonderpädagogik. *Zeitschrift für Heilpädagogik, 63* (8), 312–322.

Klafki, W. (2007). *Neue Studien zur Bildungstheorie und Didaktik. Zeitgemäße Allgemeinbildung und kritisch-konstruktive Didaktik* (6. Aufl.). Weinheim: Beltz.

KMK (2002). *Sonderpädagogische Förderung in Schulen 1991 bis 2000.* Dokumentation Nr. 159. Verfügbar unter: http://www.kmk.org/fileadmin/pdf/Statistik/Dokumentationen/Dok159.pdf [01.09.2013].

KMK (2012). *Sonderpädagogische Förderung in Schulen 2001 bis 2010.* Dokumentation Nr. 196. Verfügbar unter: http://www.kmk.org/fileadmin/pdf/Statistik/Dokumentationen/Dokumentation_SoPaeFoe_2010.pdf [01.09.2013].

Koch, B. & Textor, A. (2015). Spielräume nutzen – Perspektiven inklusiver Schulentwicklung. In E. Kiel (Hrsg.), *Inklusion im Sekundarbereich.* Stuttgart: Kohlhammer.

Konsortium Bildungsberichterstattung (2006). *Bildung in Deutschland. Ein indikatorengestützter Bericht mit einer Analyse zu Bildung und Migration.* Verfügbar unter: http://www.bildungsbericht.de/daten/gesamtbericht.pdf [09.10.2014].

Kreie, G. (1985). *Integrative Kooperation. Über die Zusammenarbeit von Sonderschullehrer und Grundschullehrer.* Weinheim: Beltz.

Kreie, G. (2002). Integrative Kooperation. In H. Eberwein & S. Knauer (Hrsg.), *Integrationspädagogik. Kinder mit und ohne Beeinträchtigung lernen gemeinsam* (6., überarb. Aufl.) (S. 404–411). Weinheim: Beltz.

Kron, M. (2009). Gemeinsame Erziehung von Kindern mit und ohne Behinderung im Elementarbereich. Theorieansätze und Praxiserfahrungen. In H. Eberwein & S. Knauer (Hrsg.), *Integrationspädagogik. Kinder mit und ohne Beeinträchtigung lernen gemeinsam. Ein Handbuch* (7. Aufl.) (S. 178–190). Weinheim: Beltz.

Kullmann, H., Lütje-Klose, B., & Textor, A. (2014a). Eine Allgemeine Didaktik für inklusive Lerngruppen – fünf Leitprinzipien als Grundlage eines Bielefelder Ansatzes der Inklusiven Didaktik. In B. Amrhein & M. Dziak-Mahler (Hrsg.), *Fachdidaktik inklusiv – Auf der Suche nach didaktischen Leitlinien für den Umgang mit Vielfalt in der Schule* (S. 89–107). Münster: Waxmann.

Kullmann, H., Lütje-Klose, B., Textor, A., Berard, J., & Schitow, K. (2014b). Inklusiver Unterricht – (Auch) eine Frage der Einstellung! Eine Interviewstudie über Einstellungen und Bereitschaften von Lehrkräften und Schulleitungen zur Inklusion. *Schulpädagogik heute, 5* (10).

Löser, J. M. & Werning, R. (2013). Inklusion aus internationaler Perspektive – ein Forschungsüberblick. *Zeitschrift für Grundschulforschung, 6* (1), 21–33.

Lütje-Klose, B. & Urban, M. (2014). Kooperation als wesentliche Bedingung inklusiver Schul- und Unterrichtsentwicklung. Teil 1: Grundlagen und Modelle inklusiver Schul- und Unterrichtsentwicklung. *Vierteljahrsschrift für Heilpädagogik und ihre Nachbargebiete, 83* (2), 111–123.

Paffrath, F. H. (1994). Soziale Erziehung – Fiktion und Ideologie? Eine kritische Anfrage. In G. E. Schäfer (Hrsg.), *Soziale Erziehung in der Grundschule* (S. 125–132). Weinheim und München: Juventa.

Peterßen, W. H. (2001). *Lehrbuch allgemeine Didaktik* (6. Aufl.). München: Oldenbourg.

Petillon, H. (1991). Soziale Erfahrungen in der Schulanfangszeit. In R. Pekrun & H. Fend (Hrsg.), *Schule und Persönlichkeitsentwicklung. Ein Resümee der Längsschnittforschung* (S. 183–200). Stuttgart: Ferdinand Enke Verlag.

Powell, J. (2013). Kulturen der sonderpädagogischen Förderung und „schulische Behinderung". Ein deutsch-amerikanischer Vergleich. In M. Hummrich & S. Rademacher (Hrsg.), *Kulturvergleich in der qualitativen Forschung.* Erziehungswissenschaftliche Perspektiven und Analysen. Studien zur Schul- und Bildungsforschung, Bd. 37 (S. 139–154). Wiesbaden: Springer.

Preuss-Lausitz, U. (1999). Schule als Schnittstelle moderner Kinderfreundschaften, *Zeitschrift für Soziologie der Erziehung und Sozialisation, 19* (2), 163–187.

Preuss-Lausitz, U. (2006). Die Bildungsperspektive der integrativen Schule für alle. In A. Platte, S. Seitz & K. Terfloth (Hrsg.), *Inklusive Bildungsprozesse* (S. 90–96). Bad Heilbrunn: Klinkhardt.

Preuss-Lausitz, U. & Gloystein, D. (2005). Förderpläne. Leitideen und Beispiele. In U. Preuss-Lausitz (Hrsg.), *Verhaltensauffällige Kinder integrieren* (S. 98–106). Weinheim und Basel: Beltz.

Rogers, C. R. (1983). *Die klientenzentrierte Gesprächspsychotherapie.* Frankfurt/Main: Fischer. Erstveröffentlichung 1951.

Rogers, C. R. (1989). *Eine Theorie der Psychotherapie, der Persönlichkeit und der zwischenmenschlichen Beziehungen. Entwickelt im Rahmen des klientenzentrierten Ansatzes.* Köln: GwG. Erstveröffentlichung 1959.

Rogers, C. R. (1994). Klientenzentrierte Psychotherapie. In R. J. Corsini (Hrsg.), *Handbuch der Psychotherapie* (S. 471–512). Weinheim: PVU.

Rost, D. H. & Czeschlik, T. (1994). Beliebt und intelligent? Abgelehnt und dumm? – Eine soziometrische Studie an 6500 Grundschulkindern. *Zeitschrift für Sozialpsychologie, 25* (2), 170–176.

Sander, A. (2004). Inklusive Pädagogik verwirklichen – zur Begründung des Themas. In I. Schnell & A. Sander (Hrsg.), *Inklusive Pädagogik* (S. 11–22). Bad Heilbrunn: Klinkhardt.

Schümer, G. (2004). Zur doppelten Benachteiligung von Schülern aus unterprivilegierten Gesellschaftsschichten im deutschen Schulwesen. In G. Schümer, K.-J. Tillmann & M. Weiß (Hrsg.), *Die Institution Schule und die Lebenswelt der Schüler* (S. 73–114). Wiesbaden: Verlag für Sozialwissenschaften.

Seitz, S. (2006). Inklusive Didaktik: Die Frage nach dem ‚Kern der Sache'. *Inklusion online, 1* (1). Verfügbar unter: http://www.inklusion-online.net/index.php/inklusion-online/article/view/184/184 [14.11.2014].

Stanat, P. (2006). Disparitäten im schulischen Erfolg: Forschungsstand zur Rolle des Migrationshintergrunds. *Unterrichtswissenschaft*, 36 (2), 98–124.

Stanat, P., Rauch, D. & Segeritz, M. (2010). Schülerinnen und Schüler mit Migrationshintergrund. In E. Klieme, C. Artelt, J. Hartig, N. Jude, O. Köller, M. Prenzel, W. Schneider & P. Stanat (Hrsg.), *PISA 2009. Bilanz nach einem Jahrzehnt* (S. 201–230). Münster: Waxmann.

Stubbe, T. C. & Bos, W. (2008). Schullaufbahnempfehlungen von Lehrkräften und Schullaufbahnentscheidungen von Eltern am Ende der vierten Jahrgangsstufe. *Empirische Pädagogik, 22* (1), 49–63.

Tausch, R. & Tausch, A. (1998). *Erziehungspsychologie: Begegnung von Person zu Person* (11., überarb. Aufl.). Göttingen: Hogrefe.

Textor, A. (2007). *Analyse des Unterrichts mit „schwierigen" Kindern. Hintergründe, Untersuchungsergebnisse, Empfehlungen.* Bad Heilbrunn: Klinkhardt.

Textor, A. (2010). Offener Unterricht – Versuch der theoretischen Rahmung eines schwer fassbaren Konstrukts. In A. Köker, S. Romahn & A. Textor (Hrsg.), *Herausforderung Heterogenität. Ansätze und Weichenstellungen* (S. 173–786). Bad Heilbrunn: Klinkhardt.

Textor, A. (2012). Die Bedeutung allgemeindidaktischer Ansätze für Inklusion. *Zeitschrift für Inklusion*, (1–2). Verfügbar unter: http://www.inklusion-online.net/index.php/inklusion/article/view/145/137 [26.03.2013].

Textor, A. (2015). *Einführung in die Inklusionspädagogik.* Stuttgart: UTB.

Textor, A., Kullmann, H. & Lütje-Klose, B. (2014). Eine Inklusion unterstützende Didaktik – Rekonstruktionen aus der Perspektive inklusionserfahrener Lehrkräfte. *Jahrbuch für Allgemeine Didaktik,* (4), 69–91.

Thurn, S. (1997). Differenzierender Unterricht: nötig und möglich. Erfahrungen – Überzeugungen – Anregungen. *Pädagogik, 49* (12), 30–34.

VN-BRK (2008). Gesetz zu dem Übereinkommen der Vereinten Nationen vom 13. Dezember 2006 über die Rechte von Menschen mit Behinderungen sowie zu dem Fakultativprotokoll vom 13. Dezember 2006 zum Übereinkommen der Vereinten Nationen über die Rechte von Menschen mit Behinderungen vom 21. Dezember 2008. *Bundesgesetzblatt*, Teil II, (35), 1419–1457.

Werning, R. & Lütje-Klose, B. (2012). *Einführung in die Pädagogik bei Lernbeeinträchtigungen* (3., überarb. Aufl.). München und Basel: Reinhardt UTB.

Wocken, H. (2007). Fördert Förderschule? Eine empirische Rundreise durch Schulen für „optimale Förderung". In I. Demmer-Dieckmann & A. Textor (Hrsg.), *Integrationsforschung und Bildungspolitik im Dialog* (S. 35–59). Bad Heilbrunn: Klinkhardt.

Wocken, H. (2010). Integration & Inklusion. Ein Versuch, die Integration vor der Abwertung und die Inklusion vor Träumereien zu bewahren. In A. Stein, S. Krach & I. Niedieck (Hrsg.), *Integration und Inklusion auf dem Weg ins Gemeinwesen. Möglichkeitsräume und Perspektiven* (S. 204–234). Bad Heilbrunn: Klinkhardt.

Bettina Amrhein

Inklusive Schul- und Unterrichtsentwicklung: Anmerkungen zu einer inklusionsorientierten Lehrer/-innenbildung[1]

Aktuell berichten Lehrkräfte besonders häufig über ein „professionelles Unbehagen" im Umgang mit inklusiven Bildungsreformen bzw. den Reformen zur Umsetzung der UN-BRK (2006) im Bereich der Schule (Amrhein, 2014). Neben Eltern, Schülerinnen und Schülern sowie dem erweiterten pädagogischen Personal stehen insbesondere auch sie vor großen Veränderungen in ihrem Tätigkeitsfeld Schule. Beispielsweise müssen sie neue Formen der multiprofessionellen Zusammenarbeit etablieren, die didaktische und methodische Neuausrichtung des Unterrichts vorantreiben sowie Normen und Werthaltungen in reflexiven Prozessen neu überdenken. Insgesamt gilt es, pädagogische und fachliche Kenntnisse und Kompetenzen im Hinblick auf die stark veränderten Anforderungen einer „neuen" Heterogenität der Schülerschaft grundlegend zu verändern und weiterzuentwickeln. Trotz zahlreicher positiver Beispiele im eigenen Land (Plessing, 2013; Schneider, 2012) ist nach wie vor ungeklärt, wie Lehrerinnen und Lehrer auf ihre Tätigkeit in einem inklusiven Schulsystem angemessen vorbereitet werden können. Auch angesichts einer großen Forschungslücke in diesem Bereich (Amrhein, 2014) ergibt sich für alle Akteurinnen und Akteure keine einfache Situation. Insbesondere die Lehrer-/innenbildung ist gefordert, durch entsprechend ausgestaltete Angebote ihren Beitrag bei der Umsetzung der inklusiven Bildungsreform zu leisten.

Dabei muss von einer erheblichen Diskrepanz zwischen dem Anspruch auf Schaffung eines inklusiven Schulsystems und der aktuellen Situation im deutschen Schulsystem ausgegangen werden. Schulische Akteurinnen und Akteure haben es mit einem paradoxen und widersprüchlichen Schulentwicklungsauftrag zu tun, denn die aktuelle Praxis und die Systembedingungen des Erziehungs-, Bildungs- und Unterrichtssystems lassen sich nur schwer mit der Idee einer inklusiven Bildung vereinen (Degener & Mogge-Grotjahn, 2012, S. 70; Feuser, 2013).

Die stärksten Widersprüche ergeben sich hierbei auf der Ebene des Unterrichts. Matthias Trautmann und Beate Wischer stellen in ihrer kritischen Auseinandersetzung zum Umgang mit Heterogenität im Unterricht fest, dass es zu permanenten sogenannten Zielkonflikten kommt. Sie fokussieren hierbei insbesondere auf Probleme der Umsetzung binnendifferenzierender Maßnahmen im Unterricht (Trautmann & Wischer, 2011). Sie sind der Ansicht, dass diese

---

1 Der Beitrag ist eine stark gekürzte Fassung von Amrhein, B. (2014). Professionalisierung für Inklusion – Impulse für die Lehrer/innenbildung der Sekundarstufe. In E. Kiel (Hrsg.), *Inklusion im Sekundarbereich* (S. 140–165). Stuttgart: W. Kohlhammer.

Zielkonflikte nicht einfach aufgelöst oder ignoriert werden können, sie müssen vielmehr ausbalanciert werden (Wischer, 2008). Wie dieses Ausbalancieren konkret im Bereich der Sekundarstufe vonstattengeht, konnte eine Studie der Autorin empirisch nachweisen. Anhand einer Untersuchung in zwölf Schulen der Sekundarstufe konnte gezeigt werden, was geschieht, wenn eine inklusive Innovation auf ein bestehendes Sekundarschulsystem trifft (Amrhein, 2011). Die Ergebnisse zeigen eindrücklich, dass die handelnden Akteurinnen und Akteure durch die Einführung sogenannter Integrativer Lerngruppen an der eigenen Schule vor Anforderungen gestellt werden, die mit der konkreten Schulsituation inkompatibel sind. Um Anforderung und Ressource in eine Balance zu bringen und so für die eigene ebenenspezifische Optimierung zu sorgen, kommt es im Rahmen der Implementierung einer Integrativen Lerngruppe auf allen Akteursebenen zu sich wiederholenden systemkonformen Rekontextualisierungen. So wird die Innovation an das bestehende System angepasst. Die hier beschriebenen Problemlagen und Entwicklungen führen zu einer stark veränderten Akzentuierung im Anforderungsprofil von Lehrkräften. Durch die immer heterogener werdenden Klassenzimmer werden bekannte und herkömmliche Unterrichtsmethoden zunehmend ineffizient. Die bisherigen Ausführungen machen deutlich, dass aktuell von einer Krise des Handelns von Lehrerinnen und Lehrern im Kontext der inklusiven Bildungsreformen ausgegangen werden muss.

Andrea Fraundorfer zufolge können Krisen und neue Herausforderungen, wie sie z.B. im Umgang mit komplexen Differenzphänomenen auftreten, zu Auslösern für einen veränderten Habitus und den Aufbau neuer Routinen innerhalb der Profession werden (Fraundorfer, 2011). Es ist jedoch davon auszugehen, dass zur Bewältigung dieser Krisen Lehrerinnen und Lehrer massive Unterstützung benötigen, wenn sie im Kontext der Umsetzung der UN-BRK zu einem neuen Umgang mit Differenz unter der bestehenden Systemlogik angeregt werden sollen. Entsprechend bedarf es einer Neuausrichtung der Lehrer/-innenbildung.

Unstrittig ist,
1. dass Inklusion als bildungspolitische Aufgabe das gesamte Schulsystem in allen Bereichen betrifft und in der Folge auch die gesamte Lehrerbildung in allen drei Phasen (Aus- und Fortbildung) betroffen ist (Döbert & Weishaupt, 2013, S. 17);
2. dass eine Anpassung der Lehrer/-innenbildung an diese veränderte Ausgangsituation eine zentrale Gelingensbedingung für die Reformen darstellt;
3. dass auch die Lehrer/-innenbildung erheblicher Anpassungsleistungen bedarf, um auf diese veränderten Anforderungen reagieren zu können – am dringlichsten aktuell im Bereich der Lehrerfortbildung.

Die sicherlich einzige Möglichkeit, den Herausforderungen an die Lehrkräfte im Kontext der Umsetzung der UN-BRK angemessen zu begegnen, besteht im Aufbau einer Lehrer/-innenbildung, die sich den paradoxen Problemlagen stellt. Eine an den Standards inklusiver Bildung orientierte Professionalisierung für Lehrkräfte muss demnach Konzepte bereithalten, die den Akteurinnen und Akteuren unter der bestehenden Logik ihres Systems Handlungsmodi im Sinne eines ‚next practice' eröffnen (Schratz et al., 2011).

Die durch die unterschiedlichen Umsetzungsversuche der UN-BRK im deutschen Schulsystem zu beobachtenden paradoxen Transformationen und Strukturveränderungen werfen entsprechend die Frage nach der Ausgestaltung der Professionalisierung für diese Reformvorhaben auf. Auf der Suche nach einem Professionsverständnis für Lehrerinnen und Lehrer der Sekundarstufe in inklusiven Settings scheint es hilfreich, sich anzuschauen, was wir über die Professionalisierung von Lehrkräften generell wissen und welchen Beitrag dies zur Entwicklung einer Lehrer/-innenbildung für Inklusion leisten kann. Hilfreich können hier Professionalisierungsansätze sein, die das professionelle Umgehen mit Krisen in pädagogischen Kontexten zu beschreiben versuchen. Will man vermeiden, dass Akteurinnen und Akteure immer wieder an den Widersprüchen des Systems und ihres eigenen Handelns scheitern, so muss man tragfähige Unterstützungsstrukturen entwickeln, die die Möglichkeit eröffnen, mit diesen Widersprüchen umzugehen und sie für die Professionalisierung gewinnbringend zu nutzen.

Der Prozess der Professionalisierung für Inklusion soll hier entsprechend als ein Vorgang beschrieben werden, innerhalb dessen bisherige Routinen durch krisenhafte Entwicklungen in den Lehr- und Lernsettings aufbrechen und die Bewältigung dieser Krisen durch das Entstehen neuer Reflexions- und Handlungsmodelle gekennzeichnet ist.

Ilse Schrittesser bestimmt professionalisiertes Handeln als „problemorientiertes Handeln entlang der Grenze zwischen Routine und Neuem" (Schrittesser, 2004). Für sie sind professionelle Akteurinnen und Akteure überall dort gefragt, „wo das Lösen von Handlungsproblemen in noch unbestimmten, widersprüchlichen, risikoreichen Situationen zentral ist und Routinelösungen daher noch nicht oder nicht mehr zur Verfügung stehen" (Schrittesser, 2004, S. 132). Dies gilt insbesondere für die Umsetzung der Inklusion.

Für Oevermann weisen Krisen zunächst auf das Scheitern von Routinen hin, also von bisherigen Denk- und Handlungsmodi, und damit auf ein „manifestes Wieder-Öffnen der Zukunft, wohingegen Routinen immer die Schließung einer ursprünglichen Krise darstellen" (Oevermann, 1996, S. 75). Kennzeichnend für eine Krise ist, dass sich bisherige Strategien und Handlungsmuster nicht mehr erfolgreich anwenden lassen, sondern oft sogar noch zur Verschärfung einer Situation führen können. Diese Verschärfung der Situation lässt sich aktuell auch auf anderer Ebene in vielen Bundesländern beobachten. Durch zum Teil hastige Umsetzungsversuche der UN-BRK bleibt den handelnden Akteurinnen und Akteuren kaum Zeit, diese neuen Routinen zu entwickeln. Sie operieren verständlicherweise mit dem ihnen aktuell zur Verfügung stehenden Repertoire. Im Land mehren sich vor allem in der medialen Berichterstattung Beispiele, die vom „Scheitern der Inklusion" berichten.

An diese Sicht der professionellen Tätigkeit als Krisenbewältigung knüpft Werner Helspers Ansatz des pädagogischen Handelns in den Antinomien der Moderne an. Er vertritt die Position, dass pädagogisches Handeln durch konstitutive, nicht aufhebbare Antinomien gekennzeichnet ist (Helsper, 2007).

Im Kontext des Diskurses um Professionalisierung im Umgang mit Differenz in der Schule vertritt Andrea Fraundorfer die Ansicht, dass das Neue erst über Versuche und Umwege in der schrittweisen Bewältigung dieser Herausforderung emergieren muss. Erst wenn sich die neu entwickelten Lösungswege und Handlungsstränge über eine längere Zeit bewähren, kann vom Aufbau einer neuen Routine gesprochen werden (Fraundorfer, 2011, S. 233). Für sie zeigt sich Professionalität in diesem Kontext u.a. darin, dass neue Lehr- und Lernsettings kreiert und damit die Ressourcen des Zusammenlebens und -lernens von verschiedenen Akteurinnen und Akteuren pädagogisch genutzt werden (Fraundorfer, 2011).

Diese Bestimmung von Professionalität und ihrer Entwicklung ist für die Suche nach einem neuen Professionsverständnis im Umgang mit Differenz/ Inklusion in der Schule sehr hilfreich. Es wird im Rahmen der aktuellen Handlungsprozesse ganz entscheidend darauf ankommen, dass Lehrkräfte der Sekundarstufe erkennen, warum bisherige pädagogische Handlungslogiken und schulische Strukturen, die auf die Bearbeitung der Lernfortschritte von fiktiven Normalschülerinnen und -schülern zielen, nicht mehr erfolgreich sein können, denn „die gedankliche Unterstellung einer bestimmten ‚Normalität' oder ‚Durchschnittlichkeit' führt in divers zusammengesetzten Schülergruppen meist zu krisenhaften Situationen" (Fraundorfer, 2011, S. 233) und wird dem Anspruch einer inklusiven Ausrichtung der Schule nicht gerecht.

Die Arbeit am und im Widerspruch im Rahmen inklusiver Bildungsreformen bildet damit die Grundlage, um bekannte Handlungslogiken kritisch zu hinterfragen und die Akteurinnen und Akteure für Neues zu öffnen. Antinomien und Paradoxien pädagogischen Handelns, wie sie nun bei der Umsetzung der Inklusion deutlich werden, werden damit zum Motor von Veränderung. Eine inklusive Lehrer/-innenbildung ignoriert die Widersprüche aktueller Entwicklungen nicht und versucht auch nicht, sie durch kurzfristige Handlungen in den Hintergrund zu drängen. Sie nutzt die Widersprüchlichkeit und die damit einhergehenden Irritationen von Routinen vielmehr, um zu einer Verbesserung von Erziehung und Bildung in der Schule beizutragen. Diese Prozesse laufen jedoch nicht von selbst ab, sondern müssen als kollegiale reflexive Prozesse gemeinsam bearbeitet werden (Neuß, 2009; Reich, 2009; Rohr, Hummelsheim, Kricke & Amrhein, 2013; Dirks & Hansmann, 1999).

Wesentlich ist damit der Aufbau neuer Routinen im Kontext inklusiver Schul- und Unterrichtsentwicklungsprozesse. Dabei ist zu hinterfragen, was unter dem Begriff „Routine" genau zu verstehen ist. Routine bedeutet zum einen eine „durch längere Erfahrung erworbene Fähigkeit, eine bestimmte Tätigkeit sehr sicher, schnell und überlegen auszuführen" (DUDEN, 2013). Zum anderen kann man den Begriff aber auch wie folgt umschreiben: Routine ist „Ausführung einer Tätigkeit, die zur Gewohnheit geworden ist und jedes Engagement vermissen lässt" (DUDEN, 2013). Hier wird deutlich, dass der Begriff der Routine zumindest im zuletzt definierten Sinne gerade nicht kompatibel mit neuen und hoch komplexen Anforderungen erscheint. Obwohl das Arbeiten im pädagogischen Feld immer auch auf Routinen angewiesen und von ihnen gekennzeichnet ist, wird es im Kontext der Entwicklung inklusiver Bildungsreformen ganz entscheidend darauf ankommen, eben diese entwickelten Routinen und Muster ständig zu hinterfragen. Unabdingbar hierfür ist ein Bewusstsein für die Flexibilität von Routinen im inklusiven pädagogischen Feld. Im englischen Sprachgebrauch existiert der Begriff der „flexible routine". Dieser wird häufig in Elternratgebern zum Umgang mit Kleinkindern verwendet: „Flexible routines take into account your child's natural rhythm, but are also set within a structured framework. Having a schedule is important, but it doesn't have to be set in stone" (Mommybites). Eine solche Vorstellung von Handlungsroutinen kann im pädagogischen Feld auch für Lehrerinnen und Lehrer in inklusiven Settings hilfreich sein. Mit der Entwicklung „flexibler Routinen" ginge hier die ständige Reflexion des eigenen Selbstverständnisses als Profession unter sich verändernden Bedingungen einher. Sie schließt insbesondere eine möglicherweise notwendig gewordene Neuausrichtung des eigenen Berufsethos und eine Bewusstwerdung der eigenen Lebensbiografie und Entwicklung mit ein.

Auch die Entwicklung von „flexible routines" ist kein Selbstläufer, sondern muss im Rahmen von neuen Aus- und Fortbildungsformaten von außen angeregt werden. Da wir wissen, dass sich Unterrichtsarbeit von Lehrpersonen meist unter Ausschluss von kritischen Peers vollzieht und dadurch Lehrkräfte oft Muster und Gewohnheiten entwickeln, die ihnen nur beschränkt bewusst sind, wäre ein möglicher Hebel für die Professionalisierung für Inklusion die Anregung von außen, um die in ihrem Einfluss zum Teil ungünstigen „habits" bewusst zu machen und Handlungsalternativen zu entwickeln. An zahlreichen Standorten wird daher im Kontext der Umsetzung der inklusiven Reformen mit Teamentwicklungsmodellen wie professionellen Lerngemeinschaften und kollegialer Hospitation gearbeitet.

Für die Entwicklung einer inklusionsorientierten Lehrer/-innenbildung ergibt sich eine Sicht auf die zukünftige Aus- und Fortbildung von Lehrerinnen und Lehrern, die eine lebenslange Innovations- und Veränderungsbereitschaft für Inklusion als zentrale Anforderung beschreibt. Bei der Entwicklung eines inklusionsunterstützenden Kompetenzprofils in der Lehrer/-innenbildung wird es daher von ganz entscheidender Bedeutung sein, nicht nur spezifische, heterogenitätssensible Fähigkeiten sowie fachliches und fachdidaktisches Wissen zu vermitteln, sondern auch die Basis dafür zu legen, dass Lehrkräfte dauerhaft in der Lage sind, sich an der Weiterentwicklung ihrer eigenen Fähigkeiten im Umgang mit Differenz in der Schule zu beteiligen. Hierzu gehört auch die fortlaufende Aneignung neuer wissenschaftlicher Erkenntnisse – auch wenn diese noch in weiten Teilen ausstehen – und die Integration dieser in die eigene professionelle Praxis in allen Phasen der beruflichen Entwicklung. Dies schließt auch die Bereitschaft ein, sich an Schulentwicklungsprozessen zu einer kontinuierlichen Optimierung einer an den Standards inklusiver Bildung orientierten Schule zu beteiligen.

Literatur

Amrhein, B. (2014). Am und im Widerspruch arbeiten. Wege aus dem professionellen Unbehagen in inklusiven Bildungsreformen. *Friedrich Jahresheft, 17–19.*

Amrhein, B. (2011). LehrerInnenbildung für eine Inklusive Schule – Bestandsaufnahme der Ausbildungssituation an Hochschulen in Nordrhein-Westfalen. *Gemeinsam leben: Zeitschrift für Inklusion, 11.*

Degener, T. & Mogge-Grotjahn, H. (2012). „All inclusive"? Anmerkungen an ein interdisziplinäres Verständnis von Inklusion. In H.-J. Balz., B. Benz & C. Kuhlmann (Hrsg.), *Soziale Inklusion. Grundlagen, Strategien und Projekte in der Sozialen Arbeit* (S. 59–77). Wiesbaden: VS Verlag für Sozialwissenschaften.

Dirks, U. & Hansmann, W. (Hrsg.) (1999). Reflexive Lehrerbildung. Fallstudien und Konzepte im Kontext berufsspezifischer Kernprobleme. Weinheim: Deutscher Studien-Verlag.

Döbert, H. & Weishaupt, H. (Hrsg.) (2013). *Inklusive Bildung professionell gestalten – Situationsanalyse und Handlungsempfehlungen.* Münster u.a.: Waxmann.

DUDEN – Die deutsche Rechtschreibung: Das umfassende Standardwerk auf der Grundlage der aktuellen amtlichen Regeln (26. Auflage) (2013). Berlin: Bibliographisches Institut.

Feuser, G. (2013). Grundlegende Dimensionen einer LehrerInnen-Bildung für die Realisierung einer inklusionskompetenten Allgemeinen Pädagogik. In G. Feuser & T. Maschke (Hrsg.), *Lehrerbildung auf dem Prüfstand. Welche Qualifikationen braucht die inklusive Schule?* (S. 11–66). Gießen: Psychosozial-Verlag.

Fraundorfer, A. (2011). Differenz und Professionalität: Vom prekären zum produktiven Umgang mit Differenz in Schule und Unterricht. In A. Paseka, M. Schratz & I. Schrittesser (Hrsg.), *Pädagogische Professionalität: quer denken – umdenken – neu denken. Impulse für next practice im Lehrerberuf* (S. 218–258). Wien: Facultas Verlags- und Buchhandels AG.

Helsper, W. (2007). Pädagogisches Handeln in den Antinomien der Moderne. In H. H. Krüger & W. Helsper (Hrsg.), *Einführung in Grundbegriffe und Grundfragen der Erziehungswissenschaft* (S. 15–34). Opladen u.a.: Barbara Budrich.

Neuß, Norbert (2009). *Biographisch bedeutsames Lernen. Empirische Studien über Lerngeschichten in der Lehrerbildung.* Opladen u.a.: Barbara Budrich.

Oevermann, U. (1996). Theoretische Skizze einer revidierten Theorie professionalisierten Handelns. In A. Combe & W. Helsper (Hrsg.), *Pädagogische Professionalität. Untersuchungen zum Typus pädagogischen Handelns* (S. 70–182). Frankfurt a. Main: Suhrkamp.

Plessing, G. (2013). Der Deutsche Schulpreis und seine Akademie. *Lehren und lernen, 2,* 24–27.

Reich, K. (Hrsg.) (2009). Lehrerbildung konstruktivistisch gestalten. Wege in der Praxis für Referendare und Berufseinsteiger. Weinheim u.a.: Beltz.

Rohr, D., Hummelsheim, A., Kricke, M. & Amrhein, B. (Hrsg.) (2013). *Reflexionsmethoden in der Praktikumsbegleitung. Am Beispiel der Lehramtsausbildung an der Universität zu Köln.* Münster u.a.: Waxmann.

Schneider, L. (2012). *Gelingende Schulen: Gemeinsamer Unterricht kann gelingen. Schulen auf dem Weg zur Inklusion* (2., unveränderte Auflage). Baltmannsweiler: Schneider Verlag Hohengehren.

Schratz, M., Paseka, A. & Schrittesser, I. (Hrsg.) (2011). *Pädagogische Professionalität. Quer denken – umdenken – neu denken. Impulse für next practice im Lehrerberuf.* Wien: Facultas-Verlag.

Schrittesser, I. (2004). „Professional communities". Beiträge der Gruppendynamik zur Entwicklung professionalisierten Handelns. In B. Hackl (Hrsg.), *Zur Professionalisierung pädagogischen Handelns. Arbeiten aus der Sektion Lehrerbildung und Lehrerbildungsforschung in der Österreichischen Gesellschaft für Forschung und Entwicklung im Bildungswesen* (S. 131–150). Münster: Lit.

Trautmann, M. & Wischer, B. (2011). *Heterogenität in der Schule. Eine kritische Einführung.* Wiesbaden: VS Verlag für Sozialwissenschaften.

UN, Vereinte Nationen (2006). Die UN-Behindertenrechtskonvention. Übereinkommen über die Rechte von Menschen mit Behinderungen.

Wischer, B. (2008). „Binnendifferenzierung ist ein Wort für das schlechte Gewissen des Lehrers". *Erziehung & Unterricht, 158* (9–10), 714–722.

Ewald Terhart

Umgang mit Heterogenität:
Anforderungen an Professionalisierungsprozesse[1]

Die Schülerinnen und Schüler, die Lehrkräfte heute in den Klassenzimmern antreffen, werden, so heißt es, immer unterschiedlicher. Wir *sehen* jedoch nicht nur eine wachsende Heterogenität, sondern diese Heterogenität wird darüber hinaus auch neu *bewertet*: nicht länger als Problem, sondern positiv als pädagogische Chance. Was bedeutet dies für die Frage nach der Professionalität und Professionalisierung von Lehrkräften? Wie steht es um das Verhältnis von Anspruch und Wirklichkeit in diesem Kontext? Was braucht es, damit Lehrkräfte den geforderten produktiven Umgang mit Schülerheterogenität praktisch zustande bringen? Gibt es systematische und pragmatische Grenzen bei der Erfüllung des Anspruchs, jeden Schüler auf seinem individuellen Lern- und Bildungsweg auf individuelle Weise zu unterstützen? Um solche und ähnliche Fragen soll es im Folgenden gehen.

Dass Schüler, auch wenn man sie nach Schulformen und mittels Jahrgangsklassen zu sortieren versucht, innerhalb einer Lerngruppe immer unterschiedlich sind, ist wahrlich keine neue Erfahrung (vgl. dazu Arnold, 2010). Aufgrund gesellschaftlich-kultureller Wandlungsprozesse, einer gestiegenen Aufmerksamkeit für individuelle Unterschiede und einer wachsenden Bereitschaft, diese Unterschiede zu respektieren und pädagogisch konstruktiv damit umzugehen, wird der Umgang mit der Heterogenität der Schüler zu einer immer stärker betonten und zugleich immer schwierigeren Aufgabe. Dabei muss man sehen, dass früher wie heute eine beachtliche, womöglich sogar wachsende Differenz zwischen dem Anspruch auf produktive Berücksichtigung von Heterogenität und der tatsächlichen Umsetzung dieses Anspruchs in den Klassenzimmern besteht. Durch das Hinaufschrauben der Ansprüche ohne Bereitstellung von konkreten Realisierungsmöglichkeiten besteht die Gefahr, dass die Lehrerschaft in eine Überforderungsfalle gerät bzw. gezogen wird, die der Sache nicht dienlich ist und am Ende bei Akteuren und Publikum nur Enttäuschung und Widerwillen erzeugt.

---

1   Eine kürzere Fassung dieses Textes ist zuerst erschienen in der Zeitschrift *Lehren & Lernen* 2014, Heft 8/9, 7–12.

1. Welche semantische Heterogenität steckt im Begriff „Heterogenität"?

Heterogenität auf Schülerseite wird nicht nur von außen in die Schule und die Klassenzimmer hineingetragen, sie wird umgekehrt auch durch Schule und Unterricht selbst teils verstärkt, teils reduziert – jedenfalls beeinflusst. Jeder Schüler, jede Schulklasse, jede Schülerschaft insgesamt ist immer das Ergebnis der Wechselwirkung von extern und intern erzeugter Vielfalt. Die Entwicklungsheterogenität etwa der Erstklässler scheint tatsächlich nachweislich zugenommen zu haben; ebenso bringt – früher wie heute – eine zunehmend multikulturelle Gesellschaft eine größere kulturelle Heterogenität mit sich. Die Leistungsspannbreite der deutschen Schüler (Fünfzehnjährigen) ist laut PISA international gesehen sehr hoch. Ob im Laufe der vergangenen drei bis vier Jahrzehnte die Leistungsheterogenität insgesamt bzw. in einzelnen Schulstufen und -formen zugenommen, abgenommen oder stagniert hat, ist aufgrund des Fehlens entsprechend lang laufender, einheitlicher und breiter empirischer Längsschnittdaten zuverlässig nicht zu beantworten. Aufgrund des gegliederten Sekundarschulsystems sind, international gesehen, die Lerngruppen hierzulande sogar *vergleichsweise* homogen. Trotzdem klagen Lehrkräfte in allen Schulformen über zu viele ‚falsche' Schüler in ihren Klassen … Aber auch in früheren Zeiten einer offensiv betriebenen, vermeintlich begabungsgerechten selektiven Zuordnung von Schülern zu Schulformen (*„Du gehörst nicht auf diese Anstalt!"*) waren Klassen nie homogen; ein Zurück zu einer solchen offen und offiziell betriebenen Verteilungs- und Homogenisierungspolitik kann und wird es nicht geben.

Wurde in manchen älteren Traditionen der Schulpädagogik die Vielfalt der Schüler als eine Art nicht zu umgehendes, aber doch möglichst zu minimierendes Dauerproblem gesehen, dem man durch verschiedene Sortierungs- und Homogenisierungsmaßnahmen zu begegnen versuchte, so wird heute Heterogenität in der schulpädagogischen Fachdiskussion durchweg als positive Chance, als produktive Herausforderung, als pädagogisch wertvolle Lern- und Sozialisationserfahrung beurteilt.

Dabei ist nicht immer klar, ob durch heterogenitätssensible Schul- und Unterrichtsarbeit Heterogenität gezielt vergrößert oder verkleinert oder aber dem Selbstlauf überlassen werden soll. Sollen die Unterschiedlichen noch unterschiedlicher werden oder eher gleicher oder will man hierauf gezielt gar keinen Einfluss nehmen? Bei dieser Frage muss man sicherlich zwischen unterschiedlichen Unterschieden unterscheiden: Es gibt Unterschiede, die wir gerne fördern wollen, aber sicherlich auch Unterschiede, die man gerne kleiner sähe – und solche, denen wir neutral gegenüber stehen.

So ist es kein Problem, die Unterschiede in den schulbezogenen Fähigkeiten von Schülern zu fördern, so dass sie größer werden. Jeder soll sein Potenzial entfalten können und hat dabei ein Recht auf Unterstützung; eine zwangsweise Leistungshomogenisierung auf welchem Niveau auch immer ist ebenso unsinnig wie unmoralisch. Hinsichtlich etwa des Sozialverhaltens und der Standards des Umgangs miteinander wünscht man sich demgegenüber eine Verkleinerung der Heterogenität in Richtung auf das möglichst weit gehende Einhalten der Standards durch möglichst alle oder anders: Hier sollten alle möglichst homogen möglichst weit kommen. Natürlich tauchen spätestens an dieser Stelle Gerechtigkeitsfragen auf. Wenn die individuelle Förderaufgabe *letztlich unendlich* ist, angesichts der gegebenen Verhältnisse die Möglichkeiten der Förderung unausweichlich und *immer begrenzt* sind: Wem soll dann mit Priorität geholfen werden? Wer sollte die *immer* zu knappen Förderressourcen bekommen – und wer nicht?

Verkomplizierend kommt noch hinzu, dass die Zahl der zu berücksichtigenden Heterogenitäts-Dimensionen steigt (verschiedene Geschlechtlichkeiten, verschiedene sozial-kulturelle Herkunftsformen, weitere ggf. bevorteilende oder beeinträchtigende Eigenschaften etc.). In jedem einzelnen Schüler kommen immer mehrere und – bei wachsendem Perspektivenreichtum – immer mehr Differenz-Dimensionen zusammen, die in der pädagogischen Praxis Berücksichtigung finden sollen (vgl. Emmerich & Hommel, 2013; Walgenbach, 2013; Kronig, 2011). Angesichts einer steigenden Zahl von zu berücksichtigenden Differenzdimensionen einerseits und den immer begrenzten institutionellen und individuellen (eigenen) Möglichkeiten andererseits steht man vor zunehmend schwierigeren Entscheidungssituationen. Insofern ist die Frage von Steiner-Khamsi (2010) berechtigt: „Wie viel Heterogenität erträgt eine Lehrperson?"

Aber wenn am Ende alle auf andere und eben ihre Weise anders sind bzw. so gesehen werden – sind dann plötzlich alle in ihrer vieldimensionalen Andersartigkeit *gleich*? Ist das die Konsequenz, wenn die Perspektive radikal von Differenz auf *unbewertete Vielfalt* umgestellt wird? Ist aber ein solches, gleichsam differenzfreies, nicht identifizierendes, dekategorisierendes Denken, welches niemanden zu keiner Zeit in irgendeine Schublade stecken, mit keinem *label* belegen will, überhaupt möglich und sozialpsychologisch plausibel? Die Wahrnehmungspsychologie ist da äußerst skeptisch. Wenn aber bestimmte oder alle Kategorisierungen offiziell nicht mehr erlaubt sind, setzen sich im Alltag gewissermaßen ,kompensatorisch' unerkannte, unausgesprochene, womöglich äußerst problematische Kategorisierungen dann doch subkutan durch (vgl. Ahrbeck, 2014). Am Ende stellen sich Fragen zum Umgang der Heterogenitätsdebatte mit „Differenzen": Zielt die Heterogenitätsdiskussion darauf, die *Bewertung* von Differenzen abzubauen, oder soll die solchen Bewertungen vorausliegende *Erfahrung* von Differenzen vermieden oder neutralisiert werden (durch den nichtkategorisierenden Blick), oder sollen schließlich gar alle Differenzen *an sich* verabschiedet werden, indem man kategorisch behauptet, dass alle gleich *sind*? Oder sind dies falsche Differenzierungen?

Es zeigt sich an dieser Stelle, dass der Begriff der „Heterogenität" sowie die sehr intensive Debatte hierum von beachtlichen theoretischen und systematischen Problemen gekennzeichnet sind. Budde hat sich in mehreren Arbeiten (2011, 2012, 2014) mit dem Begriffsgebrauch von Heterogenität befasst; ich möchte abschließend zu diesem ersten Teil eine längere Passage von ihm zitieren:

> „Erstaunlich ist, dass im gesamten Diskursgefilde das Phänomen der Heterogenität selbst kaum hinterfragt, in Zweifel gezogen oder einer kritischen Perspektive unterworfen wird. Es werden zwar zahllose Aussagen im Kontext von Heterogenität getroffen, über Heterogenität als Relation zwischen Differentem mit Bezug zu Gleichem wird (von wenigen Aussagen abgesehen) nicht gesprochen. Der Diskurs schweigt von seinem eigenen Gegenstand. Möglicherweise schimmert hier eine spezifische Vorstellung auf, nämlich die Vorstellung einer „eigentlichen", unhintergehbaren Heterogenität. Die Differenz wird damit zum Wesenskern von Individuen erklärt. Bleibt dies bei der reinen Attestierung von Unterschieden stehen, dann könnte damit das Ende der Pädagogik als absichtsvolles Handeln markiert sein, denn das Leitbild der kontextlosen Verinselung verunmöglicht eine normative Perspektive sowohl im Sinne gemeinschaftlicher (z.B. pädagogischer, didaktischer) Ziele als auch in Bezug auf Gerechtigkeitsideale (im Sinne von Gleichheit), welche an die Position des konstitutiven Außen anknüpft. Ist jedoch diese Perspektive der Akzentuierung von Differenz erst einmal eingenommen, ist es nur folgerichtig, dass Meyer anfragt, ob das „allgemeinbildende Schulsystem nicht abzuschaffen [und] *statt dessen* Heterogenität [zu] fördern" (2003, S. 14, Herv. durch Budde – ET) sei. Auf diese Weise werden Schule und Heterogenität letztendlich als dichotome und unversöhnliche Gegensätze in den Diskurs eingeschrieben. In dieser Pointierung trägt der Diskurs um Heterogenität dazu bei, pädagogisches Handeln unmöglich zu machen, da der Abstand zwischen den Individuen unüberbrückbar wird und damit Erziehung und Bildung nicht adressiert werden können." (Budde, 2012, s. Absatz 63)[2]

Insofern ist es konsequent, wenn von P. Mecheril als einem prominenten Vertreter der Interkulturellen Pädagogik mit Blick auf berufstätige Pädagogen und deren Handeln in interkulturellen Kontexten „spöttisch" und in Anführungsstrichen „Kompetenzlosigkeitskompetenz" gefordert wird (Mecheril, 2010, S. 25). D.h. man solle sich von der Idee lösen bzw. nicht den Eindruck erwecken, in interkulturellen Kontexten in der Erziehung irgendetwas in einem instrumentell-technokratischen Sinne erreichen zu können. Man müsse vielmehr

---

2   In der von mir zitierten Passage verweist Budde auf Meyer, M. (2003). Heterogenität macht Schule. In B. Warzecha (Hrsg.), *Heterogenität macht Schule. Beiträge aus sonderpädagogischer und interkultureller Perspektive* (S. 13–14). Münster: Waxmann. Vgl. auch Budde (2011, 2014).

von einem „rezeptologischen" in ein „reflexives" Verhältnis zum eigenen professionellen Handeln eintreten. Aber auch das will gekonnt sein: „Kompetenzlosigkeitskompetenz".[3]

2. Welche erziehungswissenschaftlichen Ansätze zur Bestimmung von Professionalität im Lehrerberuf liegen vor?

Dem klassischen berufssoziologischen Verständnis zufolge sind Professionen herausgehobene Berufe, die ein für alle Menschen existenzielles Problem bearbeiten. Professionelle verfügen in diesem Sinne über ein besonderes, hoch geachtetes Wissen und spezielle Fähigkeiten; ihre Aufgabe ist nicht an Profit und Routine, sondern am Wohlergehen ihrer Klienten ausgerichtet. Ihre Arbeit ist nicht standardisierbar und benötigt somit eine gewisse Autonomie auf individueller und kollektiver Ebene. Zugleich sind sie einer hohen Professionsmoral verpflichtet, über deren Einhaltung eine eigene Standesgerichtsbarkeit wacht. Die freien, selbstständigen Berufe wie Arzt oder Anwalt kamen früher diesem Muster am nächsten. Durch verschiedene Wandlungsprozesse ist jedoch mittlerweile die empirische Basis dieses klassischen Professionen-Ideals erodiert; ein hoher Anteil an Ärzten und Anwälten arbeitet heute – daran gemessen – weitgehend „deprofessionalisiert". Ebenso setzen modernere Varianten und Modelle für hochqualifizierte Experten- und Dienstleistungsberufe sowie neue Karriere- und Lebenslaufformen das klassische Professionen-Modell zunehmend außer Kraft. Zu seinem Bedeutungsverlust für die Betrachtung pädagogischer Berufe hatte darüber hinaus schon immer die Tatsache beigetragen, dass in seinem Licht diese Berufe immer nur „semi-professionell" erscheinen *konnten*. Insofern war es konsequent, dass es sich die erziehungswissenschaftliche Fachdiskussion zum Ziel gesetzt hat, speziell für die pädagogischen Berufe eigene und eigenständige Modelle von Professionalität zu entwickeln. Hierzu liegen gegenwärtig drei Theorie-Angebote vor (vgl. dazu ausführlicher Terhart, 2013):

Kompetenztheoretischer Ansatz: Hier wird Professionalität von den beruflichen Aufgaben her bestimmt. Sind diese definiert, werden Kompetenzen beschrieben, deren Einzelsegmente aufgezeigt sowie Wege benannt, wie man solche Kompetenzen entwickeln kann. Kompetenzentwicklung basiert auf Wissenskomponenten, aber auch auf Übung, Erfahrung und Selbstreflexion. Wissen, Erfahrung, Selbstlernen und Training müssen kombiniert werden. Für

---

3   Noch einmal Mecheril (2010, S. 32): „‚Kompetenzlosigkeitskompetenz' meint ein professionelles Handeln, das auf Beobachtungskompetenz für die von sozialen Akteuren zum Einsatz gebrachten Differenzkategorien gründet und das von einem Ineinandergreifen von Wissen und Nicht-Wissen, von Verstehen und Nicht-Verstehen hervorgebracht wird, ein Ineinandergreifen, in dem die Sensibilität für Verhältnisse der Dominanz und Differenz in einer handlungsvorbereitenden Weise möglich ist."

alle wichtigen Kompetenzdimensionen werden Stufenmodelle entwickelt, in denen auf empirischer Basis der prinzipielle Möglichkeitsraum der individuellen beruflichen Entwicklung beschrieben wird. Nicht alle Lehrkräfte erreichen jederzeit auf jeder Dimension hohe oder höchste Kompetenzen; jede einzelne Person entwickelt in Ausbildung und Berufsleben ein persönliches Kompetenzprofil.

Struktur-rekonstruktiver Ansatz: Professionelles Handeln basiert auf der stellvertretenden Deutung von Problemen des Klienten. Dem Professionellen muss es gelingen, unter Einsatz seines allgemeinen Wissens die Besonderheiten des Falles zu deuten. Streng genommen kann dies nur in freiwillig aufgesuchter dyadischer Interaktion erfolgen. Lehrkräfte dürfen weder in eine diffus-ganzheitliche Elternrolle noch in eine distanziert-mechanische Technokratenrolle abgleiten. In die Arbeit der Lehrer sind strukturell innere Widersprüchlichkeiten (Antinomien) eingelagert, die nicht restlos aufgelöst werden können. Jeder Lehrer hat eine individuelle Form der Bewältigung dieser Antinomien für sich zu erarbeiten. Selbstreflexion und kollegiale Fallarbeit sind die entwicklungsfördernden Elemente in diesem Konzept pädagogischer Professionalität.

Berufsbiografischer Ansatz: In beiden beschriebenen Professionalitätsverständnissen ist ein entwicklungsorientiertes, berufsbiografisches Element eingeschlossen. Wenn man diese Gemeinsamkeit in den Mittelpunkt stellt, ist das Leitmotiv des berufsbiografischen Ansatzes bereits benannt: Professionalität ist ein berufsbiografisches Entwicklungsproblem. Durch quantitative wie qualitative Forschung werden einerseits die realen Entwicklungsprozesse und Stagnationsphasen im Berufsleben von Lehrern untersucht; quantitative Forschung und entsprechende kompetenzdiagnostische Verfahren liefern ein breites Bild der erreichten Kompetenzstufen. Empirische und normative Elemente müssen miteinander verbunden werden, um praktische Konsequenzen für Erstausbildung und Weiterbildung konzipieren zu können.

Im Lichte jedes dieser drei Ansätze zur Bestimmung pädagogischer Professionalität stellt sich die Forderung nach produktiver pädagogischer Berücksichtigung der Heterogenität von Schülern in unterschiedlicher Weise; die zu ziehenden Konsequenzen weisen jedoch im Grundsatz in ein und dieselbe Richtung.

3. Heterogenität produktiv nutzen: Was soll man als Lehrkraft alles können?

Die Anforderungen an Lehrkräfte in Richtung auf einen gekonnten, professionellen und pädagogisch produktiven Umgang mit der Heterogenität der Schüler sind in den entsprechenden gesetzlichen und administrativen Dokumenten zu Standards und Kompetenzen im Lehrerberuf fest verankert und benannt (Hirschauer & Kullmann, 2010; Strasser, 2011; Amrhein, 2014). Die Kultusministerkonferenz hat in die „Standards für die Lehrerbildung: Bildungswissenschaften" aus dem Jahre 2004 mittlerweile den Inklusionsgedanken integriert (KMK, 2014). Konkretisiert man dies in Richtung auf Kompetenzfacetten, die *speziell auf die produktive Nutzung von Heterogenität* gerichtet sind, so ergibt sich folgendes detailliertes Anforderungsbild:

– Erhebung individueller Ausgangslagen: Grundlage ist eine sehr differenzierte und weit gehende Erfassung der je individuellen Ausgangslagen der Schüler. Ohne diese Erhebung ist gar keine Heterogenität ‚da'; ohne sie ließe sich kein binnendifferenziertes Vorgehen planen und durchführen.

– Vor dem Hintergrund der erhobenen heterogenen Ausgangslagen wären dann mehrere, ggf. je individuelle Lerngelegenheiten und Lernwege zu planen und deren Einsatz entsprechend vorzubereiten.

– Bei der Realisierung dieser inneren Differenzierung ist zu bedenken, dass die individuellen Lernprozesse der Schüler an geeigneten Stellen auch wieder zusammengeführt bzw. zu gemeinsamen Ergebnissen gebracht werden sollen. Dabei wird nicht eindeutig klar, ob und wie weit man einheitliche Lernstände erreichen soll oder aber die Unterschiede sich entfalten lassen sollte.

– Während des Unterrichts erfordert der tatsächliche Verlauf der Prozesse gegebenenfalls ein mehr oder weniger intensives Nachsteuern, Einhelfen, Weitermotivieren der Schüler; auch hierfür müssen Vorbereitungen getroffen worden sein.

– An geeigneten Stellen ist einzelnen Schülern bzw. Schülergruppen eine Rückmeldung zum bisherigen Verlauf zu geben, die lernfördernden Charakter haben sollte.

– Getrennt von solchen Formen des fördernden, didaktischen Feedbacks sind jedoch auch Situationen der Leistungserhebung und Leistungsbewertung vorzubereiten und zu gestalten. In der Fachdiskussion wird unterschiedlich bewertet, ob, wo und wie weit man hierbei nach einheitlichen Standards bewerten soll bzw. darf – oder aber nach differenten.

– Wichtig für die produktive Nutzung von Schülerheterogenität ist die Stabilisierung eines Unterrichts- und Schulklimas, in dem auch die Schüler die hohe Vielfalt und Binnendifferenziertheit der Unterrichts- und Lernwege akzeptieren bzw. schätzen.

– Zur Weiterentwicklung der eigenen Fähigkeiten, zwecks kollegialen Austauschs und im Sinne einer heterogenitätsfreundlichen Homogenisierung der Unterrichtskultur einer Schule ist dies alles in kollegiale Kooperation und Schulentwicklung einzubetten.

Ein solches, hier sicherlich sehr ideal und anspruchsvoll beschriebenes Bündel von Kompetenzen ließe sich mit Spiegel & Walter (2005) als „Heterogenitätskompetenz" bezeichnen; der weiter gehende Begriff ist „Inklusions-kompetenz".

An dieser Stelle ist die kritische Rückfrage angebracht, ob man es hier noch mit einem begründbaren Kompetenzmodell oder aber mit der Rückkehr zu ei-nem „normativ-idealistischen Lehrerleitbild" (Trautmann & Wischer, 2011; Wischer & Trautmann, 2013) zu tun hat? Das gerade beschriebene Idealbild voll-entwickelter Heterogenitätskompetenz definiert einen überaus hohen Anspruch, der zwar schnell ausformuliert ist, dessen Umsetzung ‚in dieser Welt', in der Welt der wirklichen Schulen und real-existierenden Lehrkräfte, jedoch keines-falls gegeben ist, ja vielleicht auf breiter Front nicht einmal möglich ist. Das sehr breite und in sich z.T. widersprüchliche Anforderungsspektrum an Lehrkräfte, strukturelle und individuelle Unvollkommenheiten, Barrieren und Hindernisse stehen dem entgegen. Dabei ist andererseits auch klar, dass solche Ideale nie-mals auf breiter Front erreicht werden, sie aber gleichwohl eine wichtige Orientierungsfunktion für alle Beteiligten haben. Mit den überaus anspruchsvol-len Vorgaben und Forderungen im Umfeld des Heterogenitätsdiskurses schießt man jedoch weit über das Ziel hinaus. Als Phantasietätigkeit über Unterrichten kann Didaktik nicht nur ihre Berechtigung als Theorie schnell verlieren; von Praktikern wird sie darüber hinaus in dieser Form nicht ernst genommen.

4. Was sagt die empirische Forschung zur Realität des Umgangs mit Heterogenität in den Klassenzimmern?

Da über die allmorgendlich in den knapp 500.000 Klassenzimmern in Deutsch-land (in allgemein- und berufsbildenden Schulen) stattfindenden Unter-richtsabläufe keine aktuellen und repräsentativen, wirklich in die Breite ge-henden empirischen Erkenntnisse vorliegen, ist es gar nicht möglich, sich auf wissenschaftlicher Basis eine Übersicht darüber zu verschaffen, wie Lehr-kräfte tatsächlich mit Heterogenität umgehen, wie weit also etwa innere Differenzierung in welcher Intensität verbreitet ist, kurzum: wie es um produk-tive Heterogenitätsberücksichtigung tatsächlich bestellt ist. Immerhin lässt sich aufgrund von Einzelstudien ein gewisser Einblick nehmen – und der stimmt ins-gesamt eher nicht optimistisch. Der ‚homogenisierende' Blick, die Orientierung an der Idee, dass ein *einheitliches* Vorgehen für alle nicht nur bewährt und prak-tikabel, sondern auch für alle gut und gerecht ist, scheint in der Lehrerschaft und in den Klassenzimmern zu dominieren. Wenn es gezielt um die Frage nach dem je individuellen Umgang mit Heterogenität geht, reagieren Lehrkräfte an-scheinend – heterogen, d.h. in eher unterschiedlicher Weise.

Beispiel 1: Welche Resultate ergeben sich, wenn nicht akademische und/ oder administrative Heterogenitätsexperten, sondern Lehrkräfte zum Problem befragt werden? Im Rahmen einer postalischen standardisierten Befragung von 333 Grundschul- und 220 Förderschullehrkräften in NRW im Jahre 2009 (Miller, 2012) wurde unter anderem auch nach einer Beurteilung bildungspolitischer Maßnahmen gefragt. Etwa 90% der Befragten hielten die Abschaffung der Förderschulen mit den Schwerpunkten „Lernen" sowie „Emotionale und soziale Entwicklung" für gar nicht oder wenig wünschenswert; die beiden Lehrergruppen unterschieden sich darin nicht. Das ist eine deutliche Botschaft – einerseits! Andererseits ergab die Befragung, dass 52% der befragten Grundschullehrkräfte und 64% der befragten Förderschullehrkräfte die Ausweitung des „Gemeinsamen Unterrichts" (eine Vorstufe von inklusivem Unterricht) ziemlich oder sehr wünschen; diese Differenz zwischen den beiden Lehrergruppen ist statistisch signifikant. Eine solche Form der integrativen Beschulung scheint also zumindest bei etwa der Hälfte der Befragten akzeptiert bzw. erwünscht zu sein. Susanne Miller kommt zu dem Fazit, dass die befragten „Lehrkräfte vielen bildungspolitischen Maßnahmen, die mit einer erheblichen Ausweitung von Heterogenität (in den Schulklassen – Anm. ET) verbunden sind, ablehnend gegenüberstehen. (…) Bildungspolitische Maßnahmen werden in der Praxis als Reform ohne Ressourcen wahrgenommen, eine Ablehnung von wachsender Heterogenität ist daher häufig in der Wahrnehmung mangelnder Unterstützung begründet" (ibid., S. 248).

Beispiel 2: Auf der Basis von Interviews mit neun Lehrkräften an Berliner Gemeinschaftsschulen, die speziell auf die Frage des Umgangs mit Schülerheterogenität gerichtet waren, hat Wittek (2013) drei Typen unterschieden: Typus „Rahmung": Durch flexible Vorgaben werden helfende, orientierte Leitlinien für die Schüler gegeben. Dies gibt Sicherheit und ermöglicht Routine, könnte aber mit Steuerungsphantasien verbunden sein. Typus „Experiment": Lehrkräfte dieses Typus' sind durch ständiges Suchen, Experimentieren und Sich-selbst-Reflektieren gekennzeichnet. Dieses Muster ist mit hoher Beanspruchung verbunden, ebenso mit der Gefahr geringerer Verlässlichkeit. Typus „Person": Man setzt auf ein enges, symmetrisches Lehrer-Schüler-Verhältnis, vertraut auf seine eigene Person und die Person des Schülers. Hier besteht die Gefahr, dass das Lehrer-Schüler-Verhältnis eher durch diffuse Personalität gekennzeichnet ist.

Beispiel 3: Geht man stärker in die Mikrostruktur des Unterrichtens, so sind die Ergebnisse von Seidel (2007) besonders bemerkenswert. Es geht um die Frage, auf welchem kognitiven Niveau Physiklehrkräfte Fragen an die Schüler stellen, genauer: um die Frage, ob die Art der Zusammensetzung der Schulklasse Einfluss auf das Fragenniveau der Lehrkräfte hat. Aus insgesamt 70 analysierten Mitschnitten von Physikstunden wurden drei Gruppen von Schulklassen herausgenommen:
- Typ A: homogen leistungsschwach (5 Schulklassen)
- Typ B: leistungsheterogen (7 Schulklassen)
- Typ C: homogen leistungsstark (5 Schulklassen).

Es zeigte sich, dass sich die Lehrkräfte in ihrem Fragenniveau trotz völlig anderer Klassenkomposition gar nicht oder nur unwesentlich unterschieden (vgl. Abbildung 1; aus: Seidel, 2007, S. 78).

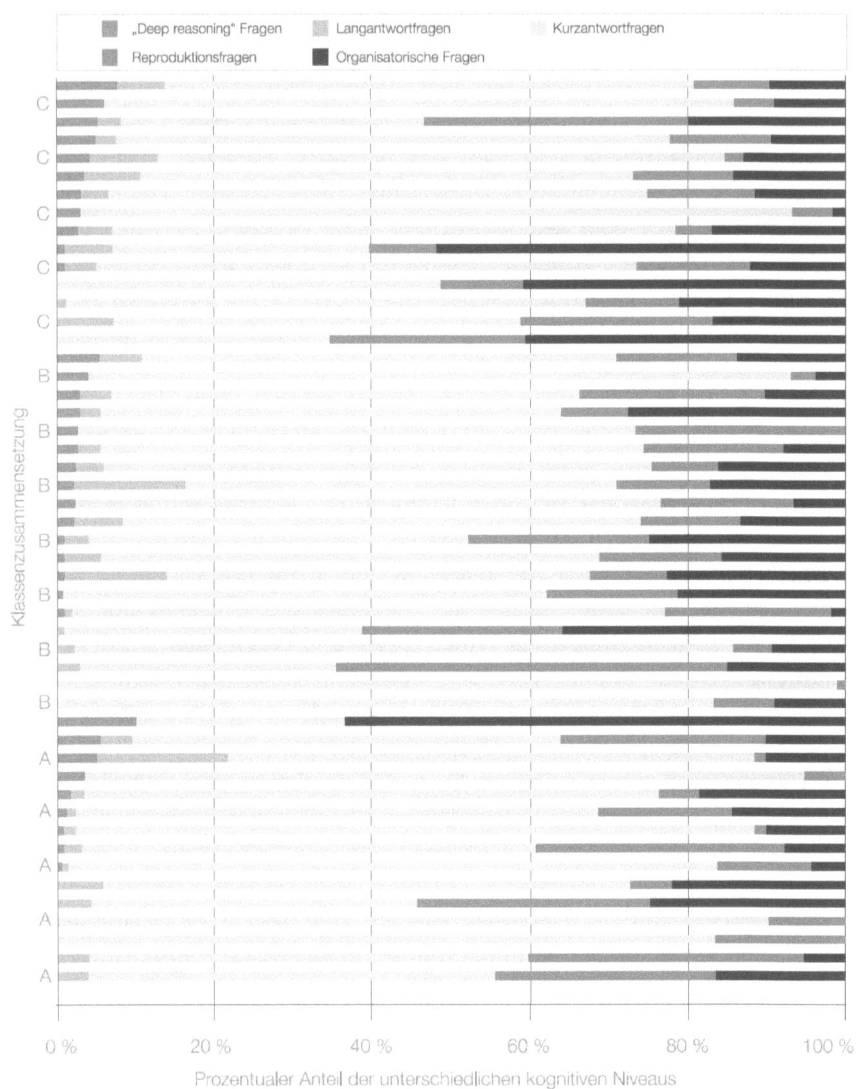

Abb. 1: Prozentuale Verteilung von Lehrerfragen mit unterschiedlichen kognitiven Niveaus im Physikunterricht. Einteilung der Schulklassen nach Zusammensetzung der Kompetenzprofile: Homogen „schwache" Komposition (A), heterogene Komposition (B) und homogen „starke" Komposition (C)

5. Welche Konsequenzen sind zu ziehen?

Ein kurzer Blick zurück zeigt:
- Wir haben drei Ansätze zur Bestimmung von Professionalität im Lehrerberuf: kompetenztheoretisch, struktur-rekonstruktiv, berufsbiografisch.
- Die inhaltliche Füllung dessen, was „Heterogenitätskompetenz" dem Anspruch nach bedeutet, läuft Gefahr, auf ein normativ-idealistisches, strukturell überforderndes Lehrerleitbild zurück zu fallen.
- Die Wirklichkeit in Schulklassen scheint demgegenüber eher durch Homogenitätsdenken, Gleichschrittigkeit im Unterricht und eine nur schwache Form von innerer Differenzierung bestimmt zu sein.

Welche Konsequenzen sind aus dem Zusammendenken dieser drei Elemente zu ziehen? Auf der *institutionellen Ebene* müssen die Voraussetzungen und Arbeitsbedingungen für einen produktiv Schülerheterogenität nutzenden Unterricht geschaffen werden. Darauf gehe ich hier nicht ein. Auf der *personellen Ebene* sollte eine Intensivierung der Weiterqualifizierung von Lehrkräften die zentrale Konsequenz sein. Der kompetenztheoretische Ansatz sieht in der Weiterbildung, im Coaching, im Training der Lehrkräfte das entscheidende Instrument, um berufliche Kompetenzen zu entwickeln bzw. fehlende neu aufzubauen. Von seinem grundlegenden Duktus her sehen die Vertreter dieses Ansatzes hierfür dann gute Chancen, wenn hinreichend Zeit und Ressourcen zur Verfügung stehen. Appelle allein helfen in diesem Kontext nicht weiter, sondern demotivieren eher noch. – Im struktur-rekonstruktiven Ansatz ist es die durch Selbstreflexion individuell oder kollegial verarbeitete eigene berufliche Erfahrung, die sowohl das Wissen, die Haltungen als auch das Können mit Blick auf Heterogenität weiter entwickelt. Anleitungen und Einhilfen von außen gelten als wenig nachhaltig und können allenfalls Anstöße bieten. Das eigene Lernen im Beruf, schulnah und kollegiumsintern, ist demgegenüber der wichtigere Modus. – Und da der berufsbiografische Ansatz die Erstausbildung von Lehrkräften eher als eine kürzere Anbahnungsepisode innerhalb des gesamten Berufslebens eines Lehrers, einer Lehrerin betrachtet, ist der Bezug auf produktives Weiterlernen im Beruf diesem Ansatz zentral inhärent.

Weiterbildung von im Beruf befindlichen Lehrkräften steht an erster Stelle, weil auf diesem Wege relativ direkt auf die Schul- und Unterrichtswirklichkeit Einfluss ausgeübt werden kann. Da aufgrund der immer drängender vorgetragenen Forderung nach produktiver Heterogenitätsberücksichtigung und vor allem durch die Inklusionsbewegung sehr viel Unsicherheit und Ängste innerhalb der Lehrerschaft anzutreffen sind, ist das Bedürfnis nach und die Bereitschaft zu Weiterbildungsformen, die auch wirklich weiterhelfen, sehr groß.

Die *Erstausbildung* von Lehrkräften kommt in diesem Kontext erst an zweiter Stelle, da Änderungen der Bestimmungen und Studienpläne ca. 10 bis 15 Jahre brauchen, bis sie umgesetzt werden und die so Ausgebildeten dann allmählich in der Schule ‚ankommen'. Insofern ist mit solchen Änderungen ein starker Verzögerungseffekt verbunden. Dieser könnte bei den gegenwärtig und in den nächsten Jahren in Ausbildung befindlichen Studierenden und Referendaren sogar gegen unendlich tendieren, denn ab ca. 2020 ist (in Westdeutschland) mit einer zunehmenden Überproduktion an neu Ausgebildeten zu rechnen.

Von der *Bildungsforschung* im weitesten Sinne kann man erwarten, dass sie nicht nur Wünschbarkeiten ausarbeitet, sondern im Rahmen entwicklungsorientierter Projekte konkrete schulpädagogische und didaktische, vor allem fachdidaktische Hilfen, Materialien, Programme, Verfahren, Manuale etc. erarbeitet und anbietet, die den Lehrern eine Differenzierung und Individualisierung des Unterrichts erleichtert und ermöglicht. Hierzu haben H. Altrichter u.a. (2009, S. 341) zumindest wichtige Arbeitsfelder benannt:

> „Von Seiten der Schulpädagogik braucht es nicht ein Mehr an Programmatik und Appellen, an Wollen und Anstrengungsbereitschaft von Lehrer/inne/n, sondern die Entwicklung praktikabler Hilfen und Strategien für die Umsetzung von Individualisierung im Unterrichtsalltag.
> – Aufgabendifferenzierung: fachdidaktische Materialentwicklung, Veränderung der Lehrwerke u.Ä., um zu Aufgabenformaten auf verschiedenen Niveaus zu gelangen;
> – Entwicklung von fachdidaktisch fundierten Diagnoseinstrumenten;
> – Entwicklung von praktikablen Hilfen für die individualisierte Dokumentation der Lern- und Leistungsentwicklung der Schüler/innen;
> – Forschungs- und Entwicklungsarbeit zu einzelnen Unterrichtsmethoden (wie Gruppenpuzzle, Freiarbeit), für die im Verbund mit den Fachdidaktiken adaptive Materialien und Aufgabenformate entwickelt werden;
> – Entwicklung von Konzepten der Rhythmisierung des Schulalltages (mit verbindlich gesetzten Lernphasen), die das Entstehen einer produktiven Lernkultur begünstigen kann.“

6. Schlussthesen

1. Jede Profession konstituiert ihre Leistungen *innerhalb von Grenzen*. Eine Profession, die für alles zuständig sein soll und sich auch für alles zuständig erklärt, ist am Ende für gar nichts zuständig. Eine Grenze des Mandats zu definieren bedeutet keineswegs, dass man darüber hinausgehende, für die eigene Arbeit relevante Felder und Problembereiche ignoriert oder nicht sieht – sofern man sie direkt nicht beeinflussen kann, liegen sie jedoch außerhalb des direkten Aufgabenbereichs.

2. Beim produktiven Umgang mit Heterogenität gibt es auf institutioneller wie professioneller Ebene sicherlich unterschiedliche Qualitätsniveaus. Diese sind in den entsprechenden Kompetenzmodellen sowie in den Konzepten der Beurteilung von Schul- und Unterrichtsqualität definiert. Schulen unterscheiden sich sicherlich hinsichtlich begünstigender oder einschränkender Rahmenbedingungen; unabhängig davon können manche Schulen und manche Lehrkräfte gleiche Rahmenbedingungen besser nutzen als andere.

3. Will man die Qualität des pädagogisch produktiven Umgangs mit Schülerheterogenität steigern, helfen abstrakte Appelle an die Berufsmoral nicht wirklich weiter. Stattdessen hilft: auf der Ebene der Lehrkräfte intensive entsprechende *Weiterbildung* und auf der Ebene der Institution und Administration *institutionelle Unterstützung*. Insgesamt sind in Deutschland die Erwartungen und Hoffnungen noch immer zu sehr auf die Erstausbildung der zukünftigen und zu wenig auf die Weiterbildung der sich im Dienst befindlichen Lehrkräfte gerichtet.

4. Die bildungspolitische und pädagogisch-didaktische Forderung nach einer stärkeren und produktiveren Berücksichtigung von Heterogenität sollte *nicht perfektionistisch als ein endlos steigerbares Programm* deklariert und eingefordert werden. Angesichts gegebener allgemeiner und konkreter Rahmenbedingungen vor Ort sollte auch überlegt werden, wie weit man auf welche Dimension von Heterogenität realistischerweise eingehen soll und kann, und wo man demgegenüber eher ein vereinheitlichendes Verfahren wählt. Einer Profession sollte kein allzu hochgetriebenes und *dadurch grundsätzlich unlösbares* Problem zur Aufgabe gemacht werden; Scheitern wäre dann vorprogrammiert.

5. Sowohl aus prinzipiellen als auch aus pragmatischen Gründen sollten Limitationen (Grenzen) in die Bestimmung von Professionalität im Lehrerberuf eingeführt werden, die das Problem des produktiven Umgangs mit Heterogenität zu einem *graduell und schrittweise lösbaren* machen. Das grundsätzliche Problem aber bleibt, da es angesichts gegebener Bedingungen dem Lehrerberuf inhärent ist. Das bedeutet: Es gibt keine perfekte Lösung.

Literatur

Ahrbeck, B. (2014). Schulische Inklusion – Möglichkeiten, Dilemmata und Widersprüche. *Soziale Passagen,* 6 (1), 5–19.

Altrichter, H., Trautmann, M., Wischer, B., Sommerauer, S. & Doppler, B. (2009). Unterricht in heterogenen Gruppen: Das Qualitätspotential von Individualisierung, Differenzierung und Klassenschülerzahl. In W. Specht (Hrsg.), *Nationaler Bildungsbericht Österreich 2009, Band 2* (S. 341–360). Wien: BMUK.

Amrhein, B. (2014). Am und im Widerspruch arbeiten. Wege aus dem professionellen Unbehagen in inklusiven Bildungsreformen. In T. Bohl, A. Feindt, B. Lütje-Klose, M. Trautmann & B. Wischer (Hrsg.), *Fördern. Friedrich Jahresheft 2014* (S. 17–19). Seelze: Friedrich-Verlag.

Arnold, K.-H. (2010). Heterogenität von Schulklassen: Was ist das Neue am Altbekannten, dass es jeden Schüler nur einmal gibt? In A. Köker, S. Rohmann & A. Textor (Hrsg.), *Herausforderung Heterogenität. Ansätze und Weichenstellungen* (S. 11–24). Bad Heilbrunn: Klinkhardt.

Budde, J. (2011). Heterogenität und Homogenität aus der Perspektive von Lehrkräften. In D. Krüger (Hrsg.), *Genderkompetenz und Schulwelten. Alte Ungleichheiten und neue Hemmnisse* (S. 111–127). Wiesbaden: VS-Verlag.

Budde, J. (2012). Die Rede von der Heterogenität in der Schulpädagogik. Diskursanalytische Perspektiven. *Forum Qualitative Sozialforschung, 13* (2), Artikel 16.

Budde, J. (2014). Differenz beobachten? In A. Tervooren, N. Nicolas, M. Göhlich, I. Miethe & S. Reh (Hrsg.), *Ethnographie und Differenz in pädagogischen Feldern. Internationale Entwicklungen erziehungswissenschaftlicher Forschung* (S. 133–148). Bielefeld: Transcript.

Emmerich, M. & Hommel, U. (2013). *Heterogenität – Diversity – Intersektionalität: Zur Logik Sozialer Unterscheidungen in Pädagogischen Semantiken der Differenz.* Wiesbaden: VS-Verlag.

Hirschauer, N. & Kullmann, H. (2010). Lehrerprofessionalität im Zeichen von Heterogenität – Stereotype bei Lehrkräften als kollegial zu bearbeitende Herausforderung. In J. Hagedorn, V. Schurt, C. Steber & W. Waburg (Hrsg.), *Ethnizität, Geschlecht, Familie und Schule. Heterogenität als erziehungswissenschaftliche Herausforderung* (S. 351–373). Wiesbaden: VS-Verlag.

KMK (2014). *Standards für die Lehrerbildung. Bildungswissenschaften.* Beschluss der Kultusministerkonferenz vom 16.12.2004 i. d. F. vom 12.06.2014.

Kronig, W. (2011). Heterogenität als Problem und als Problemlösung – einige pädagogische Irritationen. In H. Faulstich-Wieland (Hrsg.), *Umgang mit Heterogenität und Differenz* (S. 201–210). Baltmannsweiler: Schneider.

Mecheril, P. (2010). „Kompetenzlosigkeitskompetenz". Pädagogisches Handeln unter Einwanderungsbedingungen. In G. Auernheimer (Hrsg.), *Interkulturelle Kompetenz und pädagogische Professionalität* (S. 15–34). Wiesbaden: VS-Verlag.

Miller, S. (2012). Die Sicht der Lehrkräfte auf Heterogenität. Ergebnisse einer quantitativen Erhebung in NRW. In E. Jürgens & S. Miller (Hrsg.), *Ungleichheit in der Gesellschaft und Ungleichheit in der Schule* (S. 235–251). Weinheim: Juventa.

Seidel, T. (2007). Heterogenität und Unterricht. In Vereinigung der Bayerischen Wirtschaft e.V. (Hrsg.), *Bildungsgerechtigkeit. Jahresgutachten 2007* (S. 71–82). Wiesbaden: VS-Verlag.

Spiegel, H. & Walter M. (2005). Heterogenität im Mathematikunterricht der Grundschule. In K. Bräu & U. Schwerdt (Hrsg.), *Heterogenität als Chance* (S. 219–238). Münster: LIT-Verlag.

Steiner-Khamsi, G. (2010). Wie viel Heterogenität verträgt eine Lehrperson? Über den Zusammenhang zwischen Belastungserleben und Verfügbarkeit von interkulturellen Fachleuten. In M. Krüger-Potratz, U. Neumann & H. H. Reich (Hrsg.), *Bei Vielfalt Chancengleichheit* (S. 24–35). Münster: Waxmann.

Strasser, J. (2011). Heterogenität als Herausforderung pädagogischer Professionalität – Skizze eines Forschungsprogramms. *Journal of Social Science Education, 10* (2), 14–28.

Terhart, E. (2013). Lehrerberuf und Professionalität: Gewandeltes Begriffsverständnis – neue Herausforderungen. In E. Terhart, *Erziehungswissenschaft und Lehrerbildung* (S. 63–88). Münster: Waxmann.

Trautmann, M. & Wischer, B. (2011). *Heterogenität in der Schule. Eine kritische Einführung.* Wiesbaden: VS-Verlag.

Walgenbach, K. (2013). Heterogenität als Chance – Revitalisierung der Differenzdebatte in der Schulpädagogik? *Schulpädagogik heute, 4* (8) 1–13.

Wernet, A. (2014). Überall und nirgends. Ein Vorschlag zur professionalisierungstheoretischen Verortung des Lehrerberufs. In C. Leser, T. Pflugmacher, M. Pollmanns, J. Rosch & J. Tvardella (Hrsg.), *Zueignung. Pädagogik und Widerspruch* (S. 77–95). Opladen: Buderich.

Wischer, B. & Trautmann, M. (2013). Schultheoretische Anfragen zum pädagogisch-normativen Heterogenitätsdiskurs. *Schweizerische Zeitschrift für Bildungswissenschaften, 35* (1), 21–36.

Wittek, D. (2013). Umgang mit Heterogenität als Chance und/oder Risiko für die Professionalisierung von Lehrpersonen – Wie bewältigen Lehrkräfte berufliche Entwicklungsaufgaben in Reformprozessen? *Zeitschrift für Bildungsforschung, 3* (3), 219–233.

Wie gemeinsames Lernen gelingen kann –
Konzepte und Erfahrungen aus der Praxis

Marita Determann-Schacht & Ilona Ocko

Unterstützung im inklusiven Prozess: Das Angebot des regionalen Fortbildungszentrums der Bezirksregierung Münster am Standort Stift Tilbeck

1.   Stift Tilbeck

Das Stift Tilbeck liegt zentral im Münsterland. Im Stift leben und arbeiten Menschen mit und Menschen ohne Behinderung. Durch vielfältige Begegnungen, Aktionen und Veranstaltungen kann und wird im Stift Inklusion erlebt und erfahren. An dieser gelebten Inklusion teilzunehmen und zu ihr beizutragen – das war u.a. ein Anreiz für die Bezirksregierung, in Tilbeck ein Fortbildungszentrum zu errichten.

2.   Das Fortbildungszentrum

Auf rund 450 m² bietet die Bezirksregierung Münster nun eingebunden in das Stift Tilbeck vielfältige Räumlichkeiten an. Modern gestaltet bieten sie Platz für 5–130 Teilnehmer. Es handelt sich um zwei Seminarräume für 20–60 Personen, ausgestattet mit modernster Technik; diese können auf Wunsch zu einem großen Veranstaltungsraum für 70–130 Personen umgewandelt werden. Darüber hinaus stehen zwei Konferenzräume für bis zu 12 Personen, ein Gruppenraum für bis zu 15 Personen und eine „Bibliothek", die von etwa 10 Personen genutzt werden kann, zur Verfügung. Die Einrichtung und Ausstattung der Räume wird entsprechend den Anforderungen der einzelnen Veranstaltungen nach Absprache variabel gestaltet. Für die Verpflegung werden verschiedene Pauschalen angeboten.

2.1 Fortbildung und mehr

Verschiedene Fortbildungsformate werden im Fortbildungszentrum realisiert:
– Informationsveranstaltungen
    Lehrkräfte und Schulleitungen aller Schulformen werden umfassend zum Themenkomplex Inklusion und Schulentwicklung informiert.
– Fachtagungen
    Fachtagungen dienen der Festlegung von Qualitätsstandards in inklusiven Settings (z.B. Unterrichtsfächer, sonderpädagogische Förderung).

– Dienstbesprechungen
Das Fortbildungszentrum bietet allen Interessierten die Möglichkeit, die Räumlichkeiten für Dienstbesprechungen in inklusiver Atmosphäre zu nutzen.
– Fortbildungen
Kreisübergreifend werden vielfältige Fortbildungen mit den Themenschwerpunkten Schul- und Konzeptentwicklung angeboten.
– Veranstaltungen anderer Zielgruppen
Der gesamtgesellschaftliche Auftrag der Inklusion soll im Fortbildungszentrum Berücksichtigung finden. Neben Schulen steht das Zentrum somit auch anderen Gruppen als Veranstaltungsort und Ansprechpartner zur Verfügung.

2.2 Die Fortbildungsreihe „Auf dem Weg zur Inklusion"

Beispielhaft für das Qualifizierungsangebot am Stift Tilbeck soll im Folgenden die modularisierte Fortbildungsreihe „Auf dem Weg zur Inklusion" vorgestellt werden.

Modul 1 – Gemeinsames Lernen als Motor der Schulentwicklung
Die Teilnehmer reflektieren Strukturen am eigenen System. Grundlage ist das schuleigene Konzept zur Einrichtung des Gemeinsamen Lernens. Unter den Gesichtspunkten „Pädagogisches Grundwissen, Kooperation, Planung, Unterrichtsformen, Leistungsbewertung" werden weitere Bausteine der Schulentwicklung angedacht. Praktikable Strukturen anderer Schulen werden thematisiert und weitere Unterstützungssysteme stellen sich vor. Die inhaltliche Arbeit der Module 2, 3 und 4 werden vorgestellt und es wird Gelegenheit zum Austausch gegeben.

Modul 2 – Gemeinsames Lernen
Anhand von Filmsequenzen werden verschiedene Unterrichtssituationen aus unterschiedlichen Schulen/Schulformen der Sekundarstufe I vorgestellt. Die Teilnehmer der Fortbildung erarbeiten Merkmale des Gemeinsamen Lernens mit der Methode des Kooperativen Lernens.

Folgende Erarbeitungsschwerpunkte sind vorgesehen:
– Formen des Gemeinsamen Lehrens
– Komponenten des Lernens (inhaltlich/ sozial)
– Unterrichtsmethoden
– Differenzierung/ Individualisierung

– Strukturen, Rituale, Lern- und Arbeitsatmosphäre
– Stolpersteine, Probleme, mögliche Lösungen

Modul 3 – Kooperation und Teambildung

In verschiedenen Selbsterfahrungsübungen in Einzel-, Partner- und Gruppenarbeit sowie auf der Grundlage von Impulsreferaten und Informationsmaterial
reflektieren die Teilnehmerinnen und Teilnehmer, dass Kooperation im Team an
jeden Einzelnen und an das Team als solches hohe Anforderungen stellt, wenn
es zu einer effektiven und zufrieden stellenden Zusammenarbeit kommen soll.

Folgende Schwerpunkte sind vorgesehen:
– Fähigkeiten, die Teamarbeit fördern
– Entwicklungsstufen in Gruppen- und Teambildung
– Kooperationsformen in der Doppelbesetzung
– Schulorganisatorische Rahmenbedingungen gelingender Teamarbeit
– Gruppenvorteil nutzen – aber wie?
– Aufgaben- bzw. Arbeitsverteilung im Gemeinsamen Unterricht

Modul 4 – Diagnostik und Entwicklungsplanung

Die Teilnehmer erhalten über eine Präsentation Informationen zum Zusammenhang von Förderplan und Diagnostik sowie einen Einblick in grundsätzliche
Fragestellungen zur Förderplanung. Anschließend erarbeiten sie nach Sichtung
von Beispielplänen und dem Kennenlernen unterschiedlicher diagnostischer
Verfahren erste Eckpunkte für ein schulinternes Förderplankonzept.

Folgende Erarbeitungsschwerpunkte sind vorgesehen:
– Vergleich unterschiedlicher Konzepte zur Entwicklung von Förderplänen
– Einblick in diagnostische Verfahren (z.B. Beobachtung, Fragebögen, …)
– Zielformulierung anhand konkreter Übungen
– Entwicklung von Eckpunkten für ein schulinternes Förderplankonzept

Marcel Veber

Potenzialorientierte Diagnostik in und für heterogene Lerngruppen: Grundlagen und Anwendungsbeispiele

1. Einleitung

Ein Blick in die Bildungsstatistik bestätigt immer wieder, dass die gewünschte und geduldete intrapersonale Diversität mit dem Alter der Zielgruppe der jeweiligen Einrichtungen abnimmt. So ist die erlebte Vielfalt (zumeist) im Primarbereich größer als beispielsweise im Sekundarbereich; dies betrifft auch das Konstrukt des sonderpädagogischen Unterstützungsbedarfs (Klemm, 2014). Dies kann aus der Perspektive verschiedener Diversitätsfacetten bestätigt werden; so beschreibt beispielsweise Allmendinger eindrucksvoll die Folgen von Selektionen im Zuge der Transition vom Primar- und Sekundarbereich (2012). Ohne an dieser Stelle die vielfältigen Aspekte von Transitionsprozessen oder die Details bildungsstatistischer Erkenntnisse en détail beleuchten zu können, kann festgehalten werden, dass Transitionsprozesse gerade im Kontext Inklusiver Bildung eine Sollbruchstelle darstellen.

Zudem ist die aktuelle Diskussion um Inklusive Bildung in Deutschland zumeist defizitorientiert sowie interpersonal orientiert auf die Diversitätsfacette Sonderpädagogischer Unterstützungsbedarf bezogen (zur weiteren Vertiefung: Fischer in diesem Band sowie u.a. Veber, 2015a i.V.). Kurzum: Es wird meist, wenn von schulischer Inklusion gesprochen wird, aus sonderpädagogischer Perspektive diskutiert, wie mit dem (vermeintlichen) Problem der Zunahme von SchülerInnen mit (zugesprochenem) sonderpädagogischen Förderbedarf umgegangen werden kann. Eine besondere Bedeutung kommt hier der (pädagogischen) Diagnostik als Grundlage Individueller Förderung (Fischer, 2014) zu. (Schulpädagogische oder fachdidaktische) Ansätze der Begabungsförderung (u.a. Weigand, Hackl, Müller-Oppliger & Schmid, 2014) finden erst zunehmend in diesem Kontext Beachtung.

Anhand eines konkreten diagnostischen Materials bzw. Ansatzes, ILEA T (Individuelle Lernentwicklungsanalysen im Übergang), sollen die Chancen für eine potenzialorientierte Diagnostik im Kontext Inklusiver Bildung hier aufgezeigt werden. Dazu wird vorab zunächst die besondere Bedeutung einer Potenzialorientierung für eine diversitätsorientierte Diagnostik skizziert, um daran anschließend ILEA T vorzustellen und abschließend anhand eines resümierenden Ausblicks die Möglichkeiten einer potenzialorientierten Diagnostik für Inklusive Bildung zu skizzieren.

2. Bedeutung der Potenzialorientierung für eine diversitätsorientierte Diagnostik

Dass die Arbeit in inklusiven Settings einen Ausbau der diagnostischen Tätigkeiten erfordert, um allen Kindern und Jugendlichen gerecht werden zu können, ist nicht zuletzt aufgrund der umfangreichen Erkenntnisse aus dem Bereich der Individuellen Förderung nicht neu. Dabei setzt Individuelle Förderung sich aus drei Teilbereichen zusammen, die reflexiv miteinander verbunden und fortlaufend im Förderungsprozess eingebunden sind bzw. werden sollten (zur weiteren Vertiefung: Fischer in diesem Band): Diagnostik, Fordern und Fördern aller SchülerInnen sowie Evaluation. Diese drei Bereiche werden (in der schulischen) Praxis miteinander verbunden, wenn beispielsweise die Arbeit mit Förderplänen betrachtet wird (u.a. Albers, 2014; Veber & Rott, 2011); die Förderung erfolgt auf der Basis der Diagnostik und wird mittels diagnostischer Erkenntnisse evaluiert. Somit kann an diesem Beispiel verdeutlicht werden, dass diagnostischer Tätigkeit ein besonderer Stellenwert im Kontext schulischer Förderung allgemein zukommt.

Für Individuelle Förderung in inklusiven Settings, die inklusive Förderung, stellt sich jedoch die Frage, welche diagnostischen Instrumente mit welcher theoretischen Basis adäquat erscheinen, da Inklusion als pädagogischer Ansatz u.a. Etikettierung und Klassifizierung in der tradierten Form ablehnt (Biewer, 2009, S. 193), somit eine Dekategorisierung (u.a. Haas, 2012; Hinz, 2008) anstrebt. Eine weitere Herausforderung stellt die Frage dar, wie in und mit Inklusiver Bildung der Umgang mit Verschiedenheit (nicht nur mit der Konstruktion sonderpädagogischer Förderbedarf) vorgenommen wird und somit der Fokus auf Prozesse der Inkludierung bzw. der Exkludierung von einzelnen SchülerInnen und SchülerInnengruppen gerichtet werden kann (Werning & Lütje-Klose, 2012, S. 208–209). Dieser Anspruch, der hier nur ausschnitthaft skizziert werden kann, stellt Lehrkräfte (v.a. in ihrer diagnostischen Arbeit als Basis inklusiver Förderung) vor deutliche Herausforderungen, wie dies mit den von Wocken aufgeführten Axiomen für inklusiven Unterricht deutlich wird:

> „Es geht um die doppelte Zielsetzung, sowohl die Entwicklung der individuellen Potenziale zu ermöglichen und anzuregen als auch die Gemeinsamkeit und Zugehörigkeit aller zu pflegen. Die widersprüchlichen Pole Verschiedenheit und Gleichheit müssen durch eine dialektische Balance von Individualisierung und Gemeinsamkeit ausgeglichen und versöhnt werden." (Wocken, 2014, S. 55–56)

Ein entscheidender Aspekt im Zuge der Realisierung Inklusiver Bildung ist die theoretische Basis schulischer Diagnostik (u.a. Simon & Simon, 2014). Gemäß der derzeit im deutschsprachigen Raum zu beobachtenden ‚Sonderpädagogisierung' des Inklusionsdiskurses (zur weiteren Vertiefung: Hinz, 2013), der primären Betrachtung von tradierten sonderpädagogischen Ansätzen zum Umgang mit Vielfalt, wobei eine Facette, sonderpädagogischer Unterstützungsbedarf, zulasten weiterer Diversitätsfacetten, wie Begabungen oder Genderaspekten, verstärkte Aufmerksamkeit erhält, wird, um ein prominentes Beispiel zu nennen, häufig auf den ‚Response-to-intervention'-Ansatz (Blumenthal & Hartke, 2015; Huber & Grosche, 2012) verwiesen. Dieser Ansatz, der aus inklusionspädagogischer Warte deutliche Kritik erfährt (Ferri, 2012; Hinz, Geiling & Simon, 2014), stellt, um hier ein relevantes Moment zu nennen, die Diagnose einer (negativ wahrgenommenen) Auffälligkeit als Basis der inklusiven (sonderpädagogischen) Förderung heraus. Kurzum könnte, zugegebenermaßen plakativ, festgehalten werden, dass im Zuge der verstärkten Betrachtung von tradierten sonderpädagogischen Konzepten die Gefahr bestünde, dass eine Defizitorientierung im Umgang mit Vielfalt in inklusiven Settings zunehmen könnte (zur weiteren Vertiefung: Veber & Fischer, 2015 i. D.).

Einen anderen Ansatz stellt die Begabungsförderung dar (u.a. Solzbacher & Behrensen, 2015; Weigand, 2015), die gerade im Zuge der inklusiven Umgestaltung an Bedeutung gewinnen sollte: „Begabungsförderung ist dementsprechend konzeptioneller Baustein inklusiver Praxis und kein Gegensatz hierzu" (Seitz, 2014, S. 29). Gemäß dem Motto von Huser – „Wer die Stärken stärkt, schwächt die Schwächen und beglückt." (2009) – kann eine inklusive Begabungsförderung dazu beitragen, dass die individuellen Potenziale von allen Kindern und Jugendlichen in schulischen Settings als Ausgangspunkt der inklusiven Förderung genommen werden, ohne mögliche Schwierigkeiten zu negieren (Amrhein, Veber & Fischer, 2014; Veber, 2015b i.V.).

3. ILEA T – ein innovatives und evaluiertes Instrument

Ein evaluiertes Instrumentarium bzw. ein evaluierter Ansatz, das bzw. der einen potenzialorientierten Umgang mit Diversität berücksichtigt, ist ILEA T (für Informationen zur Evaluation: http://ilea-t.reha.uni-halle.de/forschungsberichte/ sowie u.a. Geiling & Berger, 2015); neben ILEA T stehen für andere Altersstufen und Kontexte weitere Materialien zur Verfügung (siehe: http://bildungsserver. berlin-brandenburg.de/ilea.html). Nicht zuletzt aufgrund des gesamtgesellschaftlichen Anspruchs von Inklusion (Hinz, 2009), aber auch aufgrund der besonderen Bedeutung von Transitionsprozessen (u.a. Griebel & Niesel, 2011), wird im Folgenden ILEA T (zur weiteren Vertiefung sowie zum Download der Materialien: http://ilea-t.reha.uni-halle.de/) vorgestellt und anhand dessen das Potenzial einer potenzialorientierten Diagnostik skizziert. Dabei sei angemerkt, dass Inklusion besondere Anforderungen an Transitionsprozesse stellt, so dass die multiprofessionelle Kooperation u.a. von PädagogInnen im Elementarbereich und GrundschulpädagogInnen an Bedeutung gewinnt, damit Inklusion als gemeinsame Aufgabe und Chance verstanden werden kann (u.a. Seitz & Finnern, 2015); deutlich wird dies u.a. nicht nur im inklusiven Kontext, wenn die Aufgabe der Bildungsdokumentation in den Blick genommen wird (u.a. Richter, Velten & Cloos, 2012, S. 306).

Um anhand von ILEA T, das auf institutionsübergreifende multiprofessionelle Kooperation ausgerichtet ist, die Chancen einer potenzialorientierten Diagnostik am Beispiel des Übergangs vom Elementar- zum Primarbereich aufzuzeigen, werden zunächst die Prinzipien skizziert, um daran anschließend die zur Verfügung stehenden Materialien und ihre Einsatzbereiche aufzuzeigen. Abschließend wird die Relevanz dieses Programms für die inklusive Arbeit kurz diskutiert.

Prinzipien

ILEA T liegen sechs rahmende, inklusionskompatible Prinzipien zugrunde (Prengel, Liebers & Geiling, 2014, S. 12–16), die das Potenzial dieses Ansatzes für die Arbeit in inklusiven Settings verdeutlichen und nun skizzierend vorgestellt werden. Vorab sei angemerkt, dass zu diesen Leitideen vielfältige konkrete Materialien entwickelt und wie das Handbuch (Geiling, Liebers & Prengel, 2014) zur Verfügung gestellt wurden, um die Umsetzung in der pädagogischen Praxis zu ermöglichen.

1. Anerkennung in heterogenen Lerngruppen (Prengel et al., 2014, S. 12): Dieses Prinzip setzt das körperliche und emotionale Wohlbefinden der Kinder als Basis für erfolgreiches Lernen (im Prozess der Aneignung der Kulturtechniken) voraus (Glathe, Heger, Schubert & Wergowski, 2012). Gemäß einer sog. gemäßigten Dekategorisierung (Fischer, 2014, S. 12) sollen Forder- und Förderbedarfe berücksichtigt werden; dies soll jedoch ohne Zuschreibungen wie „problematisch" oder „auffällig" erfolgen.

2. Pädagogische Diagnostik (Prengel et al., 2014, S. 13): Bereits erreichte Entwicklungs- und Lernstände sollen individuell pädagogisch diagnostiziert (zur weiteren Vertiefung: u.a. Feyerer, 2013a) werden, um darauf aufbauend Hypothesen zu erstellen, die die Grundlage für „individuelle Curricula, Bildungs- und Lernpläne, didaktische Entwürfe sowie Material- und Handlungsangebote" (Prengel et al., 2014, S. 13) sein können. Es soll demnach eine didaktische Diagnostik umgesetzt werden.

3. Offenheit für Themen und Interessen der Kinder und Nutzung domänenspezifischer Stufenmodelle (Prengel et al., 2014, S. 13–14): Mit diesem Prinzip wird eine Synopse zwischen den als relevant erkannten jeweiligen Interessen und Themen der Kinder sowie empirisch überprüften Stufenmodellen zum

Schriftspracherwerb und der Entwicklung mathematischen Denkens vorgenommen. Es soll bewusst der Blick multiprofessionell auf die Domänen der Kinder gerichtet werden, die die Basis für weitere Lernprozesse sind (siehe auch Fischer in diesem Band), und diese Erkenntnisse sollen in Modelle eingeordnet werden, die für ILEA T entwickelt wurden (zur Entwicklung schriftsprachlicher Kompetenzen: Heger, Liebers & Prengel, 2014, S. 44–49; zur Entwicklung arithmetischer Kompetenzen: Schubert & Geiling, 2014, S. 66–74). „Die […] Stufenmodelle bilden die Komplexität kindlicher Lernprozesse nur sehr vereinfacht ab […,] können aber als Ordnungsmuster dienen, um sicherzustellen, dass alle Kinder elementare und unverzichtbare Kompetenzen aufbauen können." (Prengel et al., 2014, S. 14)

4. Förderung der Reflexion eigener Lernprozesse (Prengel et al., 2014, S. 14): Die Kinder sollen durch adäquate Settings, wozu auch hier, wie bei allen anderen Prinzipien, entsprechende, konkrete Materialen (als Download) zur Verfügung gestellt werden, in eine AkteurInnenrolle versetzt werden, indem sie angeregt werden, im Sinne metakognitiver Strategien (Fischer, 2014, S. 52–53) ihren eigenen Lernprozess zu reflektieren.

5. Berücksichtigung der bio-psycho-sozialen Gesamtsituation (Prengel et al., 2014, S. 14–15): Basis für die diagnostische Arbeit soll ein ökosystemisches Verständnis der kindlichen Entwicklung sein (zur weiteren Vertiefung: Veber, 2015a i.V.). Die Kinder sind in vielfältige Beziehungskonstellationen (nicht nur in Kindergarten und Schule) eingebunden, die u.a. die Auseinandersetzung mit den Themenfeldern Literacy und Numeracy entscheidend beeinflussen. Daher sollte eine Analyse der bio-psycho-sozialen Gesamtsituation, eine Kind-Umfeld-Analyse (Sander, 2002), erfolgen, mit deren Informationen der weitere Lernprozess pädagogisch gestaltet werden kann.

6. Arbeitshypothesen (Prengel et al., 2014, S. 16): Es wird hier, vergleichbar zu dynamischen Begabungsmodellen (Hoyer, Weigand & Müller-Oppliger, 2013, S. 70–71, S. 97–100), davon ausgegangen, dass Kinder sich stetig (weiter-)entwickeln und somit jeweils nur Teilaspekte der jeweiligen Entwicklung diagnostisch erfasst werden können. Daher werden die diagnostischen Ergebnisse als „Bilder und Vermutungen" (Prengel et al., 2014, S. 16) interpretiert, die vorläufige Orientierung bieten können.

Darstellung ILEA T

Um diese sehr umfassenden und anspruchsvollen Prinzipien, die dem systemverändernden Anspruch von Inklusion gerecht werden, aber somit auch (teilweise) tradierte Muster in der Praxis kritisch beleuchten sollen, in der pädagogischen Praxis zu realisieren, wurden multidimensionale Zugänge mit vielfältigen

Materialien entwickelt und für die pädagogische Praxis zur Verfügung gestellt (Tabelle 1).

Tab. 1: Erhebungssituationen und diagnostische Zugänge im Konzept von ILEA T (Prengel et al., 2014, S. 17)

Verfahren, Methoden \ Erhebungs-situationen	Alltägliche Situationen	Inszenierte Spiel-/ Lern-situationen	Standardisierte Anforderungssituationen
Beobachtung des Kindes	Anregungen in den Handbuchteilen Bio-psycho-soziale Gesamtsituation, Themen und Interessen, Literacy und Numeracy		Standardisierte Lesebücher „Theobald als Schatzsucher" & „Theobald geht zur Schule" sowie standardisiertes Würfelspiel „Reise zu den Zahleninseln"
Analyse von Produkten des Kindes			
Befragung des Kindes	Anregungen zu Gesprächen mit dem Kind über sein Leben, seine Themen und Interessen sowie Schrift und Mathematik		
Befragung von Eltern/Bezugspersonen des Kindes	Anregungen zu Gesprächen über die Gesamtsituation des Kindes, seine Themen und Interessen und die schriftsprachliche und mathematische Alltagspraxis in der Familie		

Um sowohl (eher) qualitative Verfahren der Prozessdiagnostik als auch quantitativ basierte Verfahren der Statusdiagnostik (u.a. Mand & Veber, 2008; Veber, 2008) gemäß der o.g. didaktischen Diagnostik in verschiedenen Erhebungssituationen (alltägliche Situationen, inszenierte Spiel-/Lernsituationen und standardisierte Anforderungssituationen) einsetzen zu können, wurden die konkreten Verfahren u.a. gemäß des ökosystemischen Anspruchs und der Forderung nach Selbstreflexion mittels vier Zugängen operationalisiert (Beobachtungen des Kindes, Analyse von Produkten des Kindes, Befragungen des Kindes, Befragungen von Eltern/Bezugspersonen des Kindes).

Neben den großen Bereichen Literacy und Numeracy werden im Handbuch von ILEA T auch noch die bio-psycho-soziale Gesamtsituation sowie speziell Beobachtungen der Themen und Interessen der Kinder in einzelnen Kapiteln fokussiert. Bevor die zur Verfügung gestellten diagnostischen Materialien vorgestellt werden, erfolgt jeweils eine thematische Einführung, die es auch PädagogInnen aus der Praxis erlaubt, sich schnell und kompakt die notwendigen theoretischen Hintergründe anzueignen.

Beobachtung der bio-psycho-sozialen Gesamtsituation von Kindern
Die Beobachtungen in diesem Kontext, die durch zahlreiche praktische Hinweise und Medien bereichert werden, werden in vier Bereiche gegliedert:

a) Voraussetzungen für eine ungehinderte Lernentwicklung von Kindern (Prengel & Liebers, 2014, S. 22–25): Anknüpfend an ökosystemische Theoriebildung (zur weiteren Vertiefung: Bronfenbrenner, 1993) wird das Beziehungserleben und seine Bedeutung für die (kindliche) Entwicklung in den Mittelpunkt der überfachlichen diagnostischen Arbeit gestellt. Die folgenden Aspekte, die eine ungehinderte Entwicklung begünstigen, werden als Voraussetzungen verstanden und klar verständlich operationalisiert: körperliches und emotionales Wohlbefinden, Zugehörigkeit zur Kindergruppe, familiäre Ressourcen sowie Angenommenheit des Kindes von den pädagogischen Fachkräften. Neben den hier vorgestellten Facetten wird noch auf ein separates Beobachtungsheft zur psycho-sozialen Gesamtsituation (Prengel, 2010) verwiesen, das ebenfalls zum Download bereit steht.

b) Vielfältige diagnostische Zugänge zu den bio-psycho-sozialen Voraussetzungen (Prengel & Liebers, 2014, S. 25–26): Um ein möglichst differenziertes Bild der Entwicklung(schancen) erhalten zu können, werden hier drei Wege (Beobachtungen in alltäglichen Situationen, Gespräche mit Kindern über ihr Wohlbefinden sowie Gespräche mit Eltern über die bio-psychosoziale Gesamtsituation ihres Kindes) skizziert. Ergänzend dazu werden Dokumentationsbögen angeboten, um diese Wege im Alltag zu beschreiten.

c) Pädagogische Handlungsmöglichkeiten und Angebote (Prengel & Liebers, 2014, S. 26–27): Gemäß des Anspruchs einer didaktischen Diagnostik werden hier konkrete Angebote zum (präventiven) Umgang mit (möglichen) Beeinträchtigungen vorgestellt. Darüber hinaus wird aufgezeigt, wie soziale Integration (u.a. Sonntag, 2013) gefördert werden kann.

d) Vorschläge für besondere pädagogische Situationen (Prengel & Liebers, 2014, S. 27): Auch für besondere Herausforderungen, wie traumatisierende Gewalterfahrungen, erfolgt hier eine Sensibilisierung.

Beobachtungen der Themen und Interessen der Kinder
Die Themen und Interessen der Kinder bzw. die gezielte Beobachtung derer werden in einem eigenen Kapitel fokussiert (Geiling, Wegowski, Prengel & Liebers, 2014). Dies erfolgt aufgrund der Tatsache, dass empirisch nachgewiesen werden konnte, dass die eigenen Interessen im Transitionsprozess stärkend wirken können (Geiling, Wegowski et al., 2014, S. 33). Daher ist es u.a. besonders notwendig, diese möglichst breit zu erfassen. Dazu werden unterschiedliche Zugänge umfassend aufgezeigt sowie die Interpretation und Bedeutung für die konkrete pädagogische Arbeit mit zahlreichen Beispielen verdeutlicht.

Pädagogische Diagnostik für Kinder auf dem Weg zur Schrift

Für die diagnostische Arbeit in diesem Bereich werden, wie oben bereits dargestellt, sowohl standardisierte (Lesebücher: „Theobald als Schatzsucher" sowie „Theobald geht zur Schule") wie auch nicht standardisierte diagnostische Materialien bzw. Zugänge erläuternd angeboten (Heger et al., 2014). Die beiden Lesebücher sind so gestaltet, dass die einzelnen Lesebuchseiten wesentliche Anforderungen der einzelnen Stufen des hierfür entwickelten Modells zum Schriftspracherwerb, das hier ausführlich erläutert wird (Heger et al., 2014, S. 44–49), repräsentieren (Glathe et al., 2012); dem diversitätsorientierten Anspruch entsprechend finden sich hier auf den einzelnen Seiten auch Angebote für Kindern mit präliteralen Kompetenzen. Für vielfältige diagnostische Zugänge im Bereich Literacy werden hier differenzierte Angebote gemacht (Heger et al., 2014, S. 50–55). Abschließend werden für die einzelnen Kompetenzstufen pädagogische Angebote skizziert, die eine Umsetzung des Kreislaufs Individueller Förderung auch in diesem Kontext ermöglichen (Heger et al., 2014, S. 55–61).

Pädagogische Diagnostik für Kinder auf dem Weg in die Welt der Zahlen

Auch für die Entwicklung des mathematischen Denkens bzw. die Erschließung der Welt der Zahlen wurde ein eigenes Stufenmodell entwickelt (Schubert & Geiling, 2014, S. 66–74), das die Grundlage für die vielfältigen diagnostischen Zugänge (Schubert & Geiling, 2014, S. 75–82) sowie die pädagogischen Angebote (Schubert & Geiling, 2014, S. 82–94) bildet; das Modell reicht von vornumerischen Kompetenzen im Umgang mit Mengen bis zu arithmetischen Kompetenzen im Zahlenraum bis 100. Neben den nicht standardisierten diagnostischen Angeboten steht mit „Reise zu den Zahleninseln" ein standardisiertes Würfelspiel zur Verfügung, das mit einer begleitenden Erzählung die Kinder über sechs Inseln führt, auf denen Aufgaben gelöst werden können, die den einzelnen Kompetenzen des Stufenmodells entsprechen (Schubert & Geiling, 2014, S. 79–81).

Relevanz für die Arbeit in heterogenen Lerngruppen

Diversitätsorientierte inklusive Förderung setzt umfangreiche diagnostische Zugänge voraus, die die Basis für die Förderung der interpersonellen Vielfalt bilden. Dies wird mit ILEA T ermöglicht und gefördert. PädagogInnen erhalten somit konkrete theoretisch fundierte und evaluierte Zugänge, um in Verbindung u.a. mit Lernlandkarten (u.a. Eikenbusch, 2010; Gravelaar, 2012) die kindliche Entwicklung am Übergang vom Elementar- zum Primarbereich ganzheitlich im Sinne einer Kind-Umfeld-Analyse (u.a. Hildeschmidt & Sander, 1993) professionell zu begleiten.

Dabei stehen die individuellen Potenziale sowie Themen und Interessen der Kinder im Fokus des diagnostischen Interesses. Es wird auf in der Inklusionspädagogik kritisch betrachtete Kategorisierungen verzichtet, so dass eine umfassende Ressourcenorientierung mit Einbeziehung der vielfältigen ökosystemisch beleuchteten Beziehungsebenen (z.B. im Elternhaus) erfolgen kann. Somit wird es erleichtert, resilienzfördernde Faktoren (u.a. Schratz, 2014) nicht nur im Umgang mit auffällig wahrgenommenem Verhalten systematisch in den pädagogischen Prozess einzubeziehen.

Zuletzt sei angemerkt, dass die umfangreichen Materialien und Zugänge wie auch die weiteren Materialien aus dem ILEA-T-Programm auch in Teilen Einzug in die pädagogische Praxis finden können, so dass die Materialien nach Bedarf genutzt werden können. Eine Aufbereitung und Implementation (in schulische Settings) kann, wie vielfach in der Praxis bereits umgesetzt, nicht nur durch LehrerInnen, die bereits zahlreiche Aufgaben im Alltag schultern, sondern beispielsweise auch durch Studierende in Praxisphasen im Sinne des Forschenden Lernens (Rott, 2014) übernommen werden; dies könnte eine Implementation auf breiter Basis erleichtern.

4. Abschluss – Ausblick

Immer häufiger wird u.a. von SchulpädagogInnen aufgezeigt, wie wichtig es im Kontext Inklusiver Bildung sei, (neben der sonderpädagogischen Sichtweise) den Fokus der Schulpädagogik und der Fachdidaktiken einzunehmen, um Gelingensbedingungen für die Arbeit in inklusiven Settings zu finden. Gleichzeitig wird oftmals betont, wie schwierig und zeitaufwendig, vielleicht unmöglich es sei, ganzheitliche diagnostische Informationen zu den einzelnen SchülerInnen fortlaufend zu erhalten. Eine zweite Aussage, die in der fachlichen Diskussion immer wieder auftaucht, ist die Aussage, dass v.a. sonderpädagogische Ansätze dazu geeignet sind, besondere Potenziale bei allen Kindern und Jugendlichen zu entdecken (zum kritischen Widerspruch zu dieser These: u.a. Feyerer, 2013b, S. 195). Beide Aussagen wurden in dem obigen Artikel diskutiert.

Anhand eines konkreten diagnostischen Ansatzes, für den umfangreiche Materialien zur Verfügung stehen, wurde beispielhaft aufgezeigt, dass und v.a. wie eine potenzialorientierte, schulpädagogisch verankerte Diagnostik in und für Inklusive Bildung realisiert werden kann, ohne auf tradierte sonderpädagogische Wege, wie den RTI-Ansatz, die (eher) defizitorientiert sind, zurückzugreifen zu müssen. Dies setzt jedoch eine Veränderung der notwendigen Kompetenzen von Lehrpersonen voraus, damit sie die Rolle einer Lernbegleiterin bzw. eines Lernbegleiters im Umgang mit Vielfalt einnehmen können (Fischer, Rott & Veber, 2014).

Literatur

Albers, T. (2014). Partizipative Förderplanung. Kinder und Familien als Mitgestalter von Individuellen Förderplänen. *Friedrich Jahresheft, 32* (1), 116–118.

Allmendinger, J. (2012). *Schulaufgaben. Wie wir das Bildungssystem verändern müssen, um unseren Kindern gerecht zu werden.* München: Pantheon.

Amrhein, B., Veber, M. & Fischer, C. (2014). Potenzialorientierung in der Inklusiven Bildung – Konsequenzen für die Professionalisierung von Lehrpersonen. *Journal für Begabtenförderung, 14* (2), 7–19.

Biewer, G. (2009). *Grundlagen der Heilpädagogik und inklusiven Pädagogik* (2., durchges. Aufl.). Bad Heilbrunn: Klinkhardt.

Blumenthal, Y. & Hartke, B. (2015). Der Response to Intervention-Ansatz – ein Modell für eine präventions- und inklusionsorientierte Schulentwicklung. In T. H. Häcker & M. Walm (Hrsg.), *Inklusion als Entwicklung. Konsequenzen für Schule und Lehrerbildung* (S. 317–331). Bad Heilbrunn: Klinkhardt.

Bronfenbrenner, U. (1993). *Die Ökologie der menschlichen Entwicklung. Natürliche und geplante Experimente.* Frankfurt am Main: Fischer Taschenbuch Verlag.

Eikenbusch, G. (2010). Lernen sichtbar machen. Wie man Einsicht in Lernlandkarten bekommen kann. *Pädagogik, 63* (12), 6–9.

Ferri, B. A. (2012). Undermining inclusion? A critical readiing of response to intervention (RTI). *International Journal of Inclusive Education, 16* (8), 863–880.

Feyerer, E. (2013a). Pädagogische Diagnostik und Beurteilung als wesentliche Bestandteile einer inklusiven Pädagogik. In S. Schwab, M. Gebhardt, E. M. Ederer-Fick & B. Gasteiger-Klicpera (Hrsg.), *Theorien, Konzepte und Anwendungsfelder der inklusiven Pädagogik* (S. 69–82). Wien: facultas.

Feyerer, E. (2013b). LehrerInnenbildung im Umbruch. Aktuelle Entwicklungen in Österreich. In G. Feuser & T. Maschke (Hrsg.), *Lehrerbildung auf dem Prüfstand. Welche Qualifikationen braucht die inklusive Schule?* (S. 181–212). Gießen: Psychosozial-Verlag.

Fischer, C. (2014). *Individuelle Förderung als schulische Herausforderung* (Schriftenreihe des Netzwerks Bildung, Bd. 31). Berlin: Friedrich-Ebert-Stiftung.

Fischer, C., Rott, D. & Veber, M. (2014). Diversität von Schüler/-innen als mögliche Ressource für individuelles und wechselseitiges Lernen im Unterricht? *Lehren und lernen, 40,* 22–28.

Geiling, U. & Berger, M. (2015). Diagnostischer Informationstransfer von der Kita in die Grundschule aus Sicht der Eltern, der Erzieherinnen und Lehrerinnen – ausgewählte Ergebnisse aus dem Forschungsprojekt ILEA T. In M. Urban, M. Schulz, K. Meser & S. Thoms (Hrsg.), *Inklusion und Übergang. Perspektiven der Vernetzung von Kindertageseinrichtungen und Grundschulen* (S. 217–231). Bad Heilbrunn: Klinkhardt.

Geiling, U., Liebers, K. & Prengel, A. (Hrsg.) (2014). *Handbuch ILEA T. Individuelle Lern-Entwicklungs-Analyse im Übergang.* Halle: Martin-Luther-Universität (Pädagogische Diagnostik als verbindendes Instrument zwischen frühpädagogischen Bildungsdokumentationen und individuellen Lernstandsanalysen im

Anfangsunterricht). Verfügbar unter: http://wcms.itz.uni-halle.de/download. php?down=34521&elem=2750160 [21.04.2015].

Geiling, U., Wegowski, S., Prengel, A. & Liebers, K. (2014). Beobachtungen der Themen und Interessen der Kinder. In U. Geiling, K. Liebers & A. Prengel (Hrsg.), *Handbuch ILEA T. Individuelle Lern-Entwicklungs-Analyse im Übergang.* Pädagogische Diagnostik als verbindendes Instrument zwischen frühpädagogischen Bildungsdokumentationen und individuellen Lernstandsanalysen im Anfangsunterricht (S. 29–37). Halle: Martin-Luther-Universität.

Glathe, B., Heger, B., Schubert, S. & Wergowski, S. (2012). ILEA T – Individuelle Lern- und Entwicklungsanalyse/Transition: Ein diagnostisches Konzept für den Übergang Kita – Grundschule. *Zeitschrift für Inklusion* (3).

Gravelaar, G. (2012). Lernentwicklungsberichte, eingebettet in das pädagogische Leistungskonzept der Wartburg-Grundschule. In C. Fischer (Hrsg.), *Diagnose und Förderung statt Notengebung? Problemfelder schulischer Leistungsbeurteilung* (Münstersche Gespräche zur Pädagogik, Bd. 28, S. 107–113). Münster u.a.: Waxmann.

Griebel, W. & Niesel, R. (2011). Übergänge verstehen und begleiten. Transitionen in der Bildungslaufbahn von Kindern. Berlin: Cornelsen Scriptor.

Haas, B. (2012). Dekonstruktion und Dekategorisierung: Perspektiven einer nonkategorialen (Sonder-)Pädagogik. *Zeitschrift für Heilpädagogik, 63* (10), 404–413.

Heger, B., Liebers, K. & Prengel, A. (2014). Pädagogische Diagnostik für Kinder auf dem Weg zur Schrift. In U. Geiling, K. Liebers & A. Prengel (Hrsg.), *Handbuch ILEA T. Individuelle Lern-Entwicklungs-Analyse im Übergang.* Pädagogische Diagnostik als verbindendes Instrument zwischen frühpädagogischen Bildungsdokumentationen und individuellen Lernstandsanalysen im Anfangsunterricht (S. 30–61). Halle: Martin-Luther-Universität.

Hildeschmidt, A. & Sander, A. (1993). *Kind-Umfeld-Diagnose – ein ökosystematischer Ansatz. Mit Anregungen für die diagnostische Praxis; eine Information aus der Projektgruppe IBS, „Integration behinderter Schülerinnen und Schüler"* (Integrationspädagogik aktuell, H. 1). St. Ingbert: Röhrig.

Hinz, A. (2008). Dekategorisierung in der Inklusion und Fallarbeit in der schulischen Erziehungshilfe – wie passt das zusammen? *Behindertenpädagogik, 47* (1), 41–74.

Hinz, A. (2009). Inklusive Pädagogik in der Schule – veränderter Orientierungsrahmen für die Sonderpädagogik!? Oder doch deren Ende?? *Zeitschrift für Heilpädagogik, 60* (6), 171–179.

Hinz, A. (2013). Inklusion – von der Unkenntnis zur Unkenntlichkeit!? – Kritische Anmerkungen zu einem Jahrzehnt Diskurs über schulische Inklusion in Deutschland. *Zeitschrift für Inklusion* (1). Verfügbar unter http://www.inklusion-online.net/index.php/inklusion/article/view/201/182 [11.03.2014].

Hinz, A., Geiling, U. & Simon, T. (2014). Response-To-Intervention – (k)ein inklusiver Ansatz? In S. Schuppener, M. Hauser, N. Bernhardt & F. Poppe (Hrsg.), *Inklusion und Chancengleichheit. Diversity im Spiegel von Bildung und Didaktik* (S. 135–140). Bad Heilbrunn: Klinkhardt.

Hoyer, T., Weigand, G. & Müller-Oppliger, V. (2013). *Begabung. Eine Einführung.* Darmstadt: Wissenschaftliche Buchgesellschaft.

Huber, C. & Grosche, M. (2012). Das response-to-intervention-Modell als Grundlage für einen inklusiven Paradigmenwechsel in der Sonderpädagogik. *Zeitschrift für Heilpädagogik* (8), 312–322.

Huser, J. (2009). *Förderung von begabten Schülerinnen und Schülern.* Vortrag auf der Schulleitungstagung Bern. 13. Nov. 2009. Verfügbar unter: http://www.artikel17.ch/media/archive1/ [29.12.2013].

Klemm, K. (2014). Auf dem Weg zur inklusiven Schule: Versuch einer bildungsstatistischen Zwischenbilanz. *Zeitschrift für Erziehungswissenschaft, 17* (4), 625–637.

Mand, J. & Veber, M. (2008). Diagnostik in integrativen Einrichtungen. In H. Eberwein & J. Mand (Hrsg.), *Integration konkret. Begründung, didaktische Konzepte, inklusive Praxis* (S. 93–106). Bad Heilbrunn: Klinkhardt.

Prengel, A. & Liebers, K. (2014). Beobachtungen zur bio-psycho-sozialen Gesamtsituation von Kindern. In U. Geiling, K. Liebers & A. Prengel (Hrsg.), *Handbuch ILEA T. Individuelle Lern-Entwicklungs-Analyse im Übergang.* Pädagogische Diagnostik als verbindendes Instrument zwischen frühpädagogischen Bildungsdokumentationen und individuellen Lernstandsanalysen im Anfangsunterricht (S. 21–27). Halle: Martin-Luther-Universität.

Prengel, A. (2010). *ILeA. Lehrerheft zur psychosozialen Gesamtsituation.* Landesinstitut für Schule und Medien Berlin-Brandenburg. Verfügbar unter: http://bildungsserver.berlin-brandenburg.de/fileadmin/bbb/unterricht/lernstandsanalysen_vergleichsarbeiten/ilea/2010/Psychosozial.pdf [27.04.2015].

Prengel, A., Liebers, K. & Geiling, U. (2014). Leitideen. In U. Geiling, K. Liebers & A. Prengel (Hrsg.), *Handbuch ILEA T. Individuelle Lern-Entwicklungs-Analyse im Übergang.* Pädagogische Diagnostik als verbindendes Instrument zwischen frühpädagogischen Bildungsdokumentationen und individuellen Lernstandsanalysen im Anfangsunterricht (S. 9–19). Halle: Martin-Luther-Universität.

Richter, A., Velten, J. & Cloos, P. (2012). Prozessorientierte Verfahren der Bildungsdokumentation in inklusiven Settings – Potenziale zur Gestaltung des Übergangs vom Kindergarten in die Grundschule. *Soziale Passagen, 4* (2), 303–307.

Rott, D. (2014). *Forschendes Lernen.* Verfügbar unter: http://www.inklusion-lexikon.de/ForschendesLernen_Rott.pdf [12.01.2015].

Sander, A. (2002). Kind-Umfeld-Analyse: Diagnostik bei Schülern und Schülerinnen mit besonderem Förderbedarf. In W. Mutzeck (Hrsg.), *Förderdiagnostik. Konzepte und Methoden* (Beltz-Wissenschaft, 3., überarb. Aufl., S. 12–24). Weinheim [u.a.]: Beltz.

Schratz, B. (2014). Schulerfolg heißt Wohlergehen. Resilienz, Inklusion und die Freude am Lernen. *Lernende Schule* (67), 18–21.

Schubert, S. & Geiling, U. (2014). Pädagogische Diagnostik für Kinder auf dem Weg in die Welt der Zahlen. In U. Geiling, K. Liebers & A. Prengel (Hrsg.), *Handbuch ILEA T. Individuelle Lern-Entwicklungs-Analyse im Übergang.* Pädagogische Diagnostik als verbindendes Instrument zwischen frühpädagogischen Bildungsdokumentationen und individuellen Lernstandsanalysen im Anfangsunterricht (S. 63–94). Halle: Martin-Luther-Universität.

Seitz, S. & Finnern, N.-K. (2015). Inklusion anschlussfähig machen – Inklusion als gemeinsame Herausforderung für die Kindertageseinrichtung und Grundschule.

In M. Urban, M. Schulz, K. Meser & S. Thoms (Hrsg.), *Inklusion und Übergang. Perspektiven der Vernetzung von Kindertageseinrichtungen und Grundschulen* (S. 19–35). Bad Heilbrunn: Klinkhardt.

Seitz, S. (2014). Inklusion in der Grundschule. In E.-K. Franz, S. Trumpa & I. Esslinger-Hinz (Hrsg.), *Inklusion: Eine Herausforderung für die Grundschulpädagogik* (S. 24–32). Baltmannsweiler: Schneider Hohengehren.

Simon, J. & Simon, T. (2014). Inklusive Diagnostik – Wesenszüge und Abgrenzung von traditionellen „Grundkonzepten" diagnostischer Praxis. Eine Diskussionsgrundlage. *Zeitschrift für Inklusion, 7* (4). Verfügbar unter: http://www.inklusion-online.net/index.php/inklusion-online/article/view/194/200 [21.02.2014].

Solzbacher, C. & Behrensen, B. (2015). Inklusive Begabungsförderung und individuelle Förderung: Grundlegungen, Chancen und Herausforderungen einer vielversprechenden Symbiose. In C. Solzbacher, G. Weigand & P. Schreiber (Hrsg.), *Begabungsförderung kontrovers? Konzepte im Spiegel der Inklusion* (S. 13–27). Weinheim: Beltz.

Sonntag, M. (2013). *Soziale Integration*. Verfügbar unter http://www.inklusion-lexikon.de/SozialeIntegration_Sonntag.php [12.01.2015].

Veber, M. & Fischer, C. (2015 i. D.). Individuelle Förderung in Inklusiver Bildung – eine potenzialorientierte Verortung. In B. Amrhein & K. Ziemen (Hrsg.), *Diagnostik im Kontext inklusiver Bildung – Theorien, Ambivalenzen, Akteure, Konzepte.* Bad Heilbrunn: Klinkhardt.

Veber, M. & Rott, D. (2011). Potenziale erkennen: Diagnostik mit Förderplänen. In S. Stangier & E.-M. Thoms (Hrsg.), *Eine Schule für alle. Inklusion umsetzen in der Sekundarstufe* (S. 148–153). Mülheim an der Ruhr: Verlag an der Ruhr.

Veber, M. (2008). Die Qual der Wahl – die Auswahl adäquater diagnostischer Verfahren. *Sonderpädagogische Förderung in NRW, 46* (4), 26–32.

Veber, M. (2015a i.V.). *Erfassung und Entwicklung von Teacher Beliefs in Inklusiver Bildung. Im Rahmen der ersten Phase der Lehrerbildung aufgezeigt am Projekt PinI.* Westfälische Wilhelms-Universität, Münster.

Veber, M. (2015b i.V.). *Potenzialorientierung. Weg und Ziel Inklusiver Förderung.*

Weigand, G. (2015). Personale Pädagogik und inklusive Begabungsförderung. In C. Solzbacher, G. Weigand & P. Schreiber (Hrsg.), *Begabungsförderung kontrovers? Konzepte im Spiegel der Inklusion* (S. 28–37). Weinheim: Beltz.

Weigand, G., Hackl, A., Müller-Oppliger, V. & Schmid, G. (2014). *Personorientierte Begabungsförderung. Eine Einführung in Theorie und Praxis.* Weinheim: Beltz.

Werning, R. & Lütje-Klose, B. (2012). *Einführung in die Pädagogik bei Lernbeeinträchtigungen. Mit zahlreichen Übungsaufgaben* (3. Aufl.). München u.a.: Reinhardt.

Wocken, H. (2014). *Im Haus der inklusiven Schule. Grundrisse – Räume – Fenster.* Hamburg: Feldhaus, Ed. Hamburger Buchwerkstatt.

Kathrin Fels & Norbert Hartmann

Die Villa Interim: Ein Unterstützungskonzept für „schwierige" Schüler der Sekundarstufe I

Die Villa Interim – der besondere Lernort

Was passiert mit Schülern mit emotionalem und sozialem Förderbedarf im Gemeinsamen Lernen an Hauptschulen, Realschulen und Gymnasien, für die die regulären Unterstützungsangebote an den Regelschulen nicht ausreichen? Was ist, wenn Schulen mit ihren Fördermaßnahmen an ihre Grenzen stoßen und Schüler vom zeitweiligen Schulausschluss bedroht sind?

Laut UN-Behindertenrechtskonvention haben seit 2009 alle Schüler das Recht auf ein inklusives Bildungssystem.

Ende 2010 brachte die Bezirksregierung Münster in Absprache mit dem Amt für Kinder, Jugendliche und Familien eine Planungsgruppe auf den Weg, die sich mit der Thematik auseinandersetzte. Unter der Leitung der unteren Schulaufsicht der Stadt Münster entwickelte ein multiprofessionelles Team, zu dem Vertreter des Jugendamtes, des schulpsychologischen Dienstes, des Gesundheitsamtes sowie Lehrer von Förderschulen, Realschulen, Gymnasien und der Schule für Kranke gehörten, ein Konzept für maximal 12 Schüler. Zum Schuljahr 2011/2012 wurde das Konzept dann in die Praxis umgesetzt und die Villa Interim nahm ihren Betrieb auf.

1. Die Struktur der Villa Interim

1.1 Zielgruppe

Um in die Villa Interim aufgenommen zu werden, müssen die Schüler bestimmte Aufnahmevoraussetzungen erfüllen: Sie werden im Gemeinsamen Lernen der Sekundarstufe I beschult und haben ausgewiesenen sonderpädagogischen Förderbedarf im Förderschwerpunkt emotionale und soziale Entwicklung. Trotz intensiver sonderpädagogischer Förderung sind die Schüler an ihren Regelschulen vorübergehend nicht beschulbar und vom Schulausschluss bedroht. Die Verhaltensauffälligkeiten sind ambulant behandelbar und es besteht keine psychiatrische Akuterkrankung. Das heißt, auch wenn die Schüler sich beispielsweise in einer Depression befinden, aber nicht stationär aufgenommen werden müssten, handelt es sich um mögliche Kandidaten für die Villa Interim. In der Praxis hat sich zudem herausgestellt, dass Schüler spätestens in der Jahrgangsstufe 8 gemeldet werden sollten, um noch eine realistische Chance auf erfolgreiche Rückführung zu haben und dementsprechend die Erlangung des angestrebten Schulabschlusses zu ermöglichen.

1.2 Ziele

Kern- und Hauptziel der Maßnahme ist es, den Schülern Freude und Lust an Schule zu vermitteln und die Schulmotivation wiederherzustellen, damit sie nach dem Aufenthalt in der Villa Interim weiter integrativ im Gemeinsamen Lernen ihrer Stammschule beschult werden können. Ein weiteres zentrales Anliegen, gestützt durch das OVG-Urteil aus 2009 (vgl. OVG NRW, 12 A 255/08), wonach Schüler mit sonderpädagogischem Förderbedarf ein grundsätzliches Anrecht auf eine/n ihrer Schulformempfehlung entsprechende/n Schulbildung/Bildungsabschluss haben, ist, dass die Beschulung entsprechend der Schulformempfehlung erfolgt und der angestrebte Bildungsabschluss erreicht wird.

1.3 Rahmen

Die Villa Interim ist eine schulische Maßnahme, aber keine eigene Schule. Alle Schüler, die die Villa Interim besuchen, bleiben Schüler ihrer Stammschule. Sie versteht sich als Kooperationsprojekt von Schule und Jugendhilfe in der Stadt Münster, in Trägerschaft der Stadt Münster mit Vorrang des gemeinsamen Lernens und Vorrang ambulanter Maßnahmen vor stationären Hilfen. Nach spätestens sechs Monaten nehmen die Schüler teilweise, spätestens nach einem Jahr wieder vollständig am Unterricht ihrer Schule/Schulform teil.

2. Das pädagogische Konzept

2.1 Aufnahme

Die Zuweisung der Schüler in die Villa Interim erfolgt über die Fallclearingstelle der Stadt Münster. Die Fallclearingstelle ist zuständig für Schüler, bei denen die Schule an die Grenzen ihrer Fördermöglichkeiten stößt und denen ein zeitweiliger oder länger dauernder Schulausschluss droht. Vertreten sind ständige Mitglieder (Schulamt, Jugendamt, Gesundheitsamt und Schulpsychologischer Dienst) und fallbezogene Mitglieder wie z.B. Schulleitung, Klassenlehrer, zuständige Schulaufsicht, Kommunaler Sozialer Dienst und Mitarbeiter der Villa Interim.

Hat eine Schule einen Schüler, der die Zugangsvoraussetzungen der Villa Interim voraussichtlich erfüllt, beantragt sie nach vorheriger Beratung der Erziehungsberechtigten in schriftlicher, anonymisierter Form bei der Fallclearingstelle einen Termin, um den Fall in den Beratungsprozess einzubringen. An dem einmal im Monat stattfindenden Prozess werden alle pädagogischen, jugendhilferechtlichen, medizinischen und ordnungsrechtlichen Fragestellungen zur Entwicklung möglicher Lösungswege thematisiert und eine verbindliche Empfehlung für oder gegen die Aufnahme in die Villa Interim abgegeben. Stimmen dann die Erziehungsberechtigten der von der Fallclearingstelle beschlossenen Aufnahme zu, wird unmittelbar eine erste Fallkonferenz terminiert, zu der alle am System Beteiligten eingeladen sind. Nach drei Monaten in der Villa Interim erfolgt eine Zwischenprognose an die Fallclearingstelle.

2.2 Multiprofessionelles Team

Der Unterricht wird von einem multiprofessionellen Team vorbereitet und durchgeführt. Zum Team gehören:

- 1 Sonderpädagoge, 27,5 Std., FöSchw ESE (Projektleitung, Unterrichten, Unterrichtsbegleitung)
- 1 Sonderpädagogin, 14 Std., FöSchw LE (Unterrichten, Unterrichtsbegleitung)
- 1 Sonderpädagoge, 15 Std., FöSchw ESE (Unterrichten, Unterrichtsbegleitung)
- 1 Sozialpädagoge, Vollzeit, (Fallscout, Jugendhilfemaßnahmen, soziales Lernen)
- 1 Realschullehrerin, 6 Stunden (Deutsch)
- 1 Realschullehrerin, 6 Stunden (Englisch)
- 1 Hauptschullehrerin, 6 Stunden (Mathematik)
- 1 Gymnasiallehrerin, 4 Stunden (Französisch)
- 1 Gymnasiallehrerin, 2 Stunden (Lernstrategien)
- 1 Ansprechpartnerin der Schulpsychologie, 2 Stunden (soz. Lernen, TESK)
- 1 Schulbegleithund (tiergestützte Pädagogik)

Diese Besetzung mag enorm erscheinen, ist aber zur Umsetzung des Konzepts erforderlich. Im Gegensatz zu einer Förderschule ist besonders, dass Fachlehrerinnen zum Lernort Villa Interim kommen und dort „klassischen" Unterricht anbieten. Trotz der guten Besetzung ist es für die Stadt Münster immer noch ein kostengünstigeres Angebot. Die Villa Interim beugt

Schulausschlüssen per Ordnungsmaßnahme vor. Früher hatten die Schulen lediglich die Möglichkeit, entsprechende Maßnahmen durchzuführen, da das System Schule schließlich eine Verantwortung für alle Schüler hat und nicht nur den einzelnen, extrem schwierigen versorgen muss. Die Schüler wurden von der Schule verwiesen und die Stadt musste meist geeignete heilpädagogische Intensivgruppen finanzieren, in denen eine weitere Beschulung ermöglicht wurde.

Im pädagogischen Konzept der Villa Interim übernimmt der Sonderpädagoge mit der vollen Stelle neben dem Unterrichten sämtliche Leitungs- und Verwaltungsaufgaben, die wie in einem normalen Schulbetrieb auch zu erledigen sind. Der Sozialpädagoge der Villa Interim hat ebenfalls eine tragende Rolle. Schwerpunkte seiner Arbeit sind: Sozialpädagogische Gruppenarbeit, lösungsorientierte Einzelfallhilfe, Beratung von Eltern in Erziehungsfragen sowie Weitervermittlung in passgenaue Hilfemaßnahmen. Als sogenannter Fallscout koordiniert er alle Fallkonferenzen, die einen äußerst lohnenden Aufwand in regelmäßigen Abständen darstellen. Um ein tragfähiges Konzept mit einem multiprofessionellen Team aufzubauen, in denen das Rollenverständnis aller Mitarbeiter klar definiert ist, gibt es wöchentlich verbindliche, protokollierte Teamsitzungen sowie einmal pro Halbjahr einen pädagogischen Tag. Hierzu wird den Mitarbeitern in ihrem Stundenkontingent Zeit eingeräumt. Die Sonderpädagogen und der Sozialpädagoge haben ihre klare Schülerzuordnung und kümmern sich verstärkt um die emotionalen Befindlichkeiten der Schüler und auch der Erziehungsberechtigten. Die Hauptaufgabe der Fachlehrerinnen ist die Vermittlung von „klassischen" Unterrichtsinhalten. Bei Störungen geht grundsätzlich der Sonderpädagoge mit dem Schüler aus dem Raum und nicht die Fachlehrerin. Damit können die lernwilligen Schüler weiter entsprechend mit dem Unterricht fortfahren. Zur Klärung von Konflikten finden sich natürlich zu gegebener Zeit alle beteiligten Personen zusammen.

2.3 Förderplan

Die Grundlage des sonderpädagogischen Konzeptes ist die permanente Förder-Diagnostik, wozu auch in Zusammenarbeit mit dem Sozialpädagogen die Erstellung eines Förderplanes gehört. Etwa sechs Wochen nach der Aufnahme in die Villa Interim wird dieser allen Beteiligten vorgestellt, überarbeitet und zur Unterschrift vorgelegt.

2.4   Räumliche Rahmenbedingungen

Ein Leitgedanke der Planungsgruppe war, dass der Schulalltag in der Villa Interim so „normal wie möglich" sein soll. Dementsprechend hat die Stadt Münster vor drei Jahren ein nicht mehr genutztes Nebengebäude einer Grundschule für die Errichtung der Villa Interim zur Verfügung gestellt. Die Villa Interim liegt in Münster-Mecklenbeck, einem Stadtteil im Süd-Osten des Stadtzentrums. Da die Schüler aus dem gesamten Stadtbezirk kommen können, ist eine relativ zentrale Lage vorteilhaft. Die Busfahrzeiten der Schüler liegen trotzdem im Durchschnitt bei etwa einer Stunde. Das Schulgebäude verfügt insgesamt über zwei Klassenräume, zwei Differenzierungsräume, eine Küche und einen Computerraum. Diese Anzahl erscheint bei maximal zwölf Schülern sehr hoch, ist jedoch für die sonder- und sozialpädagogische Arbeit mit Schülern mit dem Schwerpunkt emotionale und soziale Entwicklung sehr wichtig. Sie erleichtert sowohl Formen der inneren als auch der äußeren Differenzierung. Grundsätzlich ist zu bedenken, dass die Schüler aus unterschiedlichen Bildungsgängen und Jahrgangsstufen kommen. Für Sport- und Schwimmunterricht wurden zudem Räumlichkeiten gefunden.

2.5   Fachunterricht

Ähnlich wie in der Schule für Kranke bekommt die Stammschule zu Beginn der Maßnahme einen Fragebogen zu den aktuellen Unterrichtsinhalten. Hier sollen die Regelschullehrer notieren, was sie in den nächsten Wochen an Unterrichtsthemen behandeln und welche Materialien dafür benutzt werden. Ebenso stellt die Regelschule der Villa Interim die erforderlichen Schulbücher zur Verfügung, damit sich auch die Lehrkräfte in der Villa Interim auf die Unterrichtsinhalte vorbereiten können. Aus dem Etat der Villa Interim wird dann ggf. weiteres Unterrichts- und Fördermaterial angeschafft.

2.6   Fallkonferenzen

Für jeden Schüler gibt es im Villa-Interim-Jahr fünf Fallkonferenzen. An den Fallkonferenzen nehmen nach Möglichkeit alle Personen teil, die unmittelbar Kontakt mit dem Schüler haben. Zudem wird immer der KSD (Kommunale Soziale Dienst) eingeladen, auch dann, wenn sich die Erziehungsberechtigten eine Unterstützung durch diesen aktuell nicht vorstellen können. Die Fallkonferenzen, an denen nur bei der ersten Sitzung der Schüler selbst teilnimmt, sind klar strukturiert und dienen erstens der Kontaktaufnahme, zweitens der Vorstellung und Überarbeitung des Förderplanes, drittens der Planung der Rückführung, viertens der Sicherung der Rückführung und fünftens der Evaluation.

2.7 Netzwerkarbeit

Externe Fachkräfte von Pro Familia, Schulpsychologie, Teil-Hochbegabtenförderung und der Autismusberatung bereichern mit eigenen Ideen und Anregungen den Unterrichtsalltag. Die Zusammenarbeit mit dem KSD, der Polizei, der Drogenberatungsstelle usw. sind ebenfalls zu erwähnen.

3. Das Unterrichtskonzept

Der Unterricht orientiert sich an den Zielen und wünschenswerten Standards der Förderschulen, die im Bereich emotionale und soziale Entwicklung spezialisiert sind. In der Villa Interim findet an fünf Tagen der Woche von 8.00 bis 13.00 Uhr Unterricht statt. Sozialpädagogisch orientierte Angebote wie z.B. Fallkonferenzen, Elternbesuche etc. gibt es täglich von 7.30 Uhr bis 17.00 Uhr.

Der Unterricht in der Villa Interim ist immer doppelt besetzt. Kein Mitarbeiter arbeitet alleine mit den Schülern im Schulgebäude. Die Fächer Deutsch, Englisch, Mathematik und Französisch werden federführend von den Regelschullehrerinnen angeboten. Drei versetzt anwesende Sonderpädagogen und ein Sozialpädagoge teilen sich die Unterrichtsbegleitung und bieten individuelle, schülerangepasste Themen in den Fächern Naturwissenschaften und Gesellschaftslehre an. Ein Großteil der täglichen Angebote liegt ebenso im Bereich Sport, Kunst und Hauswirtschaft. Darüber hinaus führt eine Gymnasiallehrerin Module zum Thema „Lernen lernen" durch und in Zusammenarbeit von Schulpsychologie und Sozialpädagogik findet einmal im Monat ein Training im Bereich emotionale und soziale Entwicklung statt (abgekürzt TESK).

Das Unterrichtskonzept in der Villa Interim umfasst folgende Aspekte:
- Arbeit im Klassenverband trotz heterogener Gruppe – damit intensive Förderung der sozialen Integration, der Kooperations- und der Gruppenfähigkeit.
- Eingehen auf das von Schülern gewünschte Bedürfnis nach eigener/individueller Arbeitsatmosphäre (z.B. ruhiger Arbeitsplatz, Kopfhörer).
- Üben gruppendynamischer Aspekte (in Lerninseln, an Gruppentischen usw.).

- Differenzierte, individuelle Leistungsförderung innerhalb der heterogenen Lerngruppe; insbesondere zur Vermeidung von überhöhten Anforderungen oder Unterforderungen.
- Stärkung der Kompetenzen im Bereich der Selbst- und Fremdeinschätzung durch regelmäßiges Abfragen und Berücksichtigung der Gefühlslage und durch gezielte Reflexion. Am Ende jeder Stunde und auch jeder Pause bewertet der Schüler selbst seine eigenen Arbeitsleistungen und sein Verhalten. Die Pädagogen geben ausschließlich positives Feedback. Die Schülerinnen und Schüler können sich pro Unterrichtsstunde einen Punkt „verdienen". Dieser Punkt wird unterteilt in Arbeits- und Sozialverhalten. Ebenso gibt es einen Punkt für die Pause. Grundsätzlich gilt: Es werden keine Punkte abgezogen!
- Schulmotivation „wieder"herstellen, indem beispielsweise eine angenehme Klassenatmosphäre angeboten wird. Dabei spielen Rituale eine ganz zentrale Rolle. Der Tages- und Wochenablauf ist sehr strukturiert.
- Regelmäßig wiederkehrende Rituale wie morgendliches Ankommen, Frühstücken, Hausaufgabenkontrolle, Abfragen der Lernbereitschaft, Anschreiben der Stundenübersicht an die Tafel, Punktevergabe, Begrüßung und Verabschiedung mit Handschlag etc. geben den Schülerinnen und Schülern ebenso wie den wechselnden Lehrkräften Klarheit und Sicherheit und dienen dem Aufbau langfristiger sozial erwünschter Verhaltensweisen, insbesondere Regelverhalten. Es gibt eindeutige Konsequenzen bei Regelverstößen und deutliche positive Verstärkung bei regelgerechtem Verhalten.
- Zum Abschluss jeder Woche gibt es immer eine Wochenreflexion. Der Schüler bespricht mit dem Sozialpädagogen seine zu Beginn der Woche festgelegten Wochenziele. Die Punkte, die sich der Schüler in der Woche verdient hat, werden auf einen Rückmeldezettel übertragen und für die Eltern mitgegeben.
- Eine positive Grundhaltung aller Villa Interim-Mitarbeiter Schülern gegenüber ist eine äußerst wichtige Voraussetzung für den erfolgreichen Durchlauf der Villa Interim-Maßnahme.
- Einheitliche Präventionen und Reaktionen bei Unterrichtsstörungen.

Unterrichtsstörungen wird in der Villa Interim sowohl präventiv als auch akut begegnet. Als präventive Maßnahmen werden für alle verbindliche Regeln aufgestellt. Der Lehrer erfragt vor Unterrichtsbeginn die Lernbereitschaft des Schülers. Das heißt, mit dem Eintritt in den Klassenraum muss der Schüler seine Regel- und Arbeitsbereitschaft erklären. Kann er sich nicht klar äußern, bietet ihm beispielsweise der Sonderpädagoge noch ein Gespräch an oder erlaubt ihm, mit dem Schulhund noch eine Runde „Gassi zu gehen" oder sich einfach noch ein bisschen alleine in einen Raum zurückziehen. Im Klassenraum schreibt der Lehrer eine Stundenübersicht an die Tafel und verpflichtet sich zu klar strukturierten und ritualisierten Unterrichtsmethoden, insbesondere zu Wechseln zwischen ruhigem und bewegungsintensivem Arbeiten. Der Schüler kann zudem ein „Time-out" nehmen. Das heißt, er gibt dem Lehrer ein Zeichen und kann für 5 bis 10 Minuten den Klassenraum verlassen. Genau wie vor Unterrichtsbeginn kann er hier ein bewegungsintensives Time-out, wie z.B. Boxen mit dem Sozialpädagogen, oder ein ruhiges Time-out in Anspruch nehmen.

Bei akuten Unterrichtstörungen wird so lange wie möglich negatives Verhalten ignoriert und Schüler, die erwünschtes Verhalten zeigen, werden bestärkt. Reicht das nicht, gibt es ein „Hinweissystem". Beim dritten Hinweis muss der Schüler ähnlich wie im Trainingsraumkonzept einen Hinweiszettel ausfüllen. Hier beschreibt er sein nicht erwünschtes Verhalten und sucht eigenständig nach Verbesserungsvorschlägen.

Eine kleine, übersichtliche Anzahl von Klassenregeln finden sich natürlich auch im Villa-Interim-Alltag wieder. Insgesamt wird versucht, die Klassenregeln, die die Schüler aus ihren Stammschulklassen kennen, zu übernehmen. Besonders in der Villa Interim ist allerdings, dass wieder das Positive in den Blick genommen wird. Beispielsweise werden die Schüler für ihre Pünktlichkeit belohnt und können in freien Unterrichtsphasen eine zusätzliche Computerzeit „verdienen" oder es gibt Punkte für gemachte Hausaufgaben, die in „Hausaufgabenfrei" oder in „Ich darf mir für den nächsten Hauswirtschaftsunterricht einen speziellen Nachtisch wünschen" umgewandelt werden können. Bei Komplettverweigerung oder auch bei einer Beleidigung eines Erwachsenen wird der Schüler für den Tag vom regulären Unterricht ausgeschlossen. Er bekommt vom „nicht betroffenen" Kollegen weiter Arbeitsmaterial, darf aber nicht mehr in der Gruppe sein. Am nächsten Morgen muss eine Entschuldigung und evtl. eine Wiedergutmachung erfolgen. Geschieht dies nicht, bleibt der Schüler getrennt von den anderen Villa-Interim-Schülern.

4. Rückführungskonzept

4.1 Zeitpunkt der möglichen Rückführung

Die Rückführung in die Stammschule wird mit der 1. Fallkonferenz vorbereitet und startet spätestens nach sechs Monaten.

4.2 Voraussetzungen für eine gelingende Rückführung

- Der Schüler zeigt im Projekt eine positive Verhaltenstendenz.
- Die Selbsteinschätzung des Schülers hat einen hohen Stellenwert; dieser muss „wollen"!
- Sowohl die Eltern als auch das Villa-Team befürworten eine Wiedereingliederung.
- Gemeinsam mit der Stammschule wird ein Ablaufplan zur konkreten Rückführung vereinbart.

Neben den Schülern selbst ist im Rückführungsprozess auch die Situation von Lehrern (Klassenlehrer, Fachlehrer, GL-Lehrer, Sonderpädagogen der Villa), Sozialpädagogen, Erziehungsberechtigten und Schülern in den Blick zu nehmen.

Häufig haben die Regelschullehrer schon sehr belastende Vorerfahrungen mit dem rückkehrenden Schüler gemacht. Damit die Verantwortlichkeit der Stammschule für den Schüler bestehen bleibt und Lehrer die Fortschritte miterleben können, ist eine ständige Rückkopplung an das System, auch während der Beschulung in der Villa Interim, sehr wichtig. Die Aufgaben der einzelnen am Prozess beteiligten Personen gestalten sich in der Regel wie folgt:

- *Klassenlehrer:* Dieser steht als Multiplikator u.a. auch den Fachlehrern zur Verfügung und kooperiert eng mit den Villa-Mitarbeitern.
- *Schulleitung:* Enge Zusammenarbeit erforderlich; neue Dinge erzeugen Unsicherheit; wichtig sind klare, verbindliche Absprachen, die von Seiten der Schulleitung mitgetragen werden.
- *GL-Lehrer*: Dem rückkehrenden Schüler steht während der gesamten Zeit eine sonderpädagogische Fachkraft, der sogenannte GL-Lehrer, unterstützend zur Seite; dieser hat den Schüler während der Maßnahme Villa Interim begleitet und kennt das Klassensystem an der Stammschule. Die Lehrkraft hat eine wesentliche Bedeutung: Sie hat den Schüler u.a. mit in der Fallclearingstelle vorgestellt. Sie ist während der gesamten Villa-Interim-Maßnahme Bindeglied zwischen Schülern in der Villa Interim und Stammklasse. Schwerpunkte seiner Arbeit sind z.B., Unterrichtsinhalte und Materialien aus der Stammschule der Villa Interim zur Verfügung stellen, an Konferenzen teilnehmen, Förderpläne miterstellen, Eltern informieren und beraten, mit der Stammklasse arbeiten und mit dem Schüler durch Einzelförderung in Kontakt bleiben.
- *Sozialpädagoge der Villa Interim:* Hat eine positive Beziehung zum Schüler aufgebaut; er hat in der Regel keinen sozialpädagogischen Kollegen an den Stammschulen; er bleibt als Fallmanager wichtiges Bindeglied aller am Hilfeprozess beteiligten Personen.
- *Sonderpädagogen der Villa Interim:* Vermitteln Unterrichtsinhalte sonderpädagogisch ausgerichtet. Das heißt, sie geben z.B. Orientierungshilfen, nut-

zen Rituale, differenzieren durch Lernprojekte und stimmen diese mit allen Beteiligten ab. Sie bauen eine positive Beziehung zu den Schülern auf und sind somit in der Lage, die oftmals negativ geprägten Schul-/Unterrichtserfahrungen mit neuen positiven Erfahrungen zu verknüpfen.

– *Fachlehrerinnen in der Villa Interim:* Überprüfen den aktuellen Leistungsstand des Schülers und vermitteln in zwei bis vier Stunden wöchentlich differenzierte Unterrichtsinhalte; zusätzlich stellen sie dem Schüler Unterlagen für individuelle Arbeitspläne zur Verfügung, stärken das Gruppenklima durch gemeinsame fachspezifische Unterrichtseinstiege und nehmen an den Konferenzen teil.

– *Eltern:* Die Erziehungsberechtigten erfahren durch die Villa Interim Entlastung. Es ist wichtig, mit ihnen sehr transparent zu arbeiten; die Hauptverantwortung liegt allerdings beim Schüler.

– *Schüler:* Motivation versus Angst vor alten Rollenbildern (sechs Monate sind nur sehr wenig Zeit, um Gefühle oder Verhaltensweisen zu ändern); dem Schüler werden im Schulkontext neue, positive (Schul-)Erfahrungen ermöglicht.

4.3 Begleitmaßnahmen bei der Rückführung

4.3.1 Vorbereitungsphase

– Runder Tisch mit Klassen-/Fachlehrern/Schulleitung;
– Ressourcenklärung;
– Gespräche mit der Stammklasse;
– Elternarbeit: regelmäßige Treffen, Telefonate, Elternnachmittage etc.

4.3.2 Rückführungsphase

– *Möglichkeit 1:* Der Schüler fängt mit einem reduzierten Stundenplan (z.B. in AGs; Interessenschwerpunkte, Lieblingspädagogen) mit schrittweiser Aufstockung wieder in der Stammschule an und besucht den Unterricht begleitet durch den GL-Lehrer oder durch den Sozialpädagogen bzw. einen Sonderpädagogen der Villa Interim.

– *Möglichkeit 2:* Der Schüler bekommt mit enger Begleitung direkt seinen vollen Stundenplan in der Stammschule.

4.3.3 Nachbetreuungsphase

Der Schüler nimmt am vollen Stundenplan teil
- begleitet vom GL-Lehrer;
- Rückfallprophylaxe durch das Villa-Team, z.B. durch weitere regelmäßige Telefonate.

Aus dem Villa-Interim-Alltag können wichtige Orientierungshilfen wie die oben erwähnten Rituale sowie Selbstbeobachtungsbögen oder Reflexionsgespräche in den pädagogischen Alltag der Regelschule übertragen werden. Grundsätzlich gilt: Die Eltern werden mit in die Pflicht genommen und begleiten den Prozess.

4.4 Abschluss der Unterstützungsmaßnahme „Villa Interim"

Die Begleitung durch das Villa-Interim-Team endet spätestens nach Ablauf eines Jahres.

Der sonderpädagogische Förderbedarf bleibt bestehen, d.h. der Schüler und das System werden weiter vom GL-Lehrer unterstützt. Eventuell hat die Familie sich während der Maßnahme auf ein Angebot des KSDs eingelassen. Hierzu zählt z.B. eine Erziehungsbeistandschaft, die den Schüler auch im Nachmittagsbereich in schwierigen Situationen berät und auffangen kann.

Sabine Hettinger & Julia Pappas

Inklusion geht nur gemeinsam – Gelingensfaktoren für nachhaltige Inklusion aus den Erfahrungen im Projekt Inklusionsorientierte Schulentwicklung

1. Zum Thema des Workshops

In diesem Workshop ging es um die Frage, welche Aspekte aus dem dreijährigen Projekt Inklusionsorientierte Schulentwicklung auf andere Schulen und inklusive Veränderungsprozesse übertragbar sind und welche Faktoren maßgeblich zum Gelingen von Inklusion beitragen. Da das Tagungsthema auch die Ängste und Überforderungsgefühle, die das Thema Inklusion in der Schule auslöst, ansprach, war es uns wichtig, ermutigende Erfahrungen mitzuteilen und den Fokus auf Möglichkeiten statt auf Unmöglichkeiten zu richten. Der Workshop wurde von der Projektleiterin Sabine Hettinger und von der Projektteilnehmerin Julia Pappas, die Sonderpädagogin an einer projektteilnehmenden Schule ist, durchgeführt.

2. Das zugrunde liegende pädagogische Handlungsfeld

Das Projekt, aus dem die hier reflektierten Erfahrungen stammen, wurde von Anfang 2011 bis April 2014 im Evangelischen Schulwerk Baden-Württemberg durchgeführt. Insgesamt nahmen zehn evangelische und vier staatliche Schulen verschiedener Schularten (Förderschulen, Grundschulen, Werkrealschulen, Realschule, berufliche Schule) mit verschiedensten Standorten als Einzelschulen oder Schultandems an dem Projekt teil. Im Rahmen des Projekts unternahmen sie reflektierte weitere Schritte in Richtung inklusive Schul- und Unterrichtsentwicklung. In Baden-Württemberg gab es zu diesem Zeitpunkt mehrere Schwerpunkt- bzw. Modellregionen, in denen inklusive Schulentwicklung umgesetzt wurde, wovon auch einige der projektteilnehmenden Schulen betroffen waren. Andererseits zeichnete sich durch das qualifizierte Elternwahlrecht ab, dass auf Dauer keine Schule an der Notwendigkeit inklusiver Schulentwicklung vorbeikommt. In diesen Veränderungsprozessen wollte das Evangelische Schulwerk mit dem vorgestellten Projekt Unterstützung für die Schulen bieten. Projektleiterin war Sabine Hettinger, Diplom-Pädagogin, Supervisorin und langjährige Referentin des Evangelischen Schulwerks. Vernetzung erwies sich nicht nur für die Schulen als Gelingensfaktor, sondern war auch auf der Metaebene des Projekts, also für die Projektkonzeption, -lei-

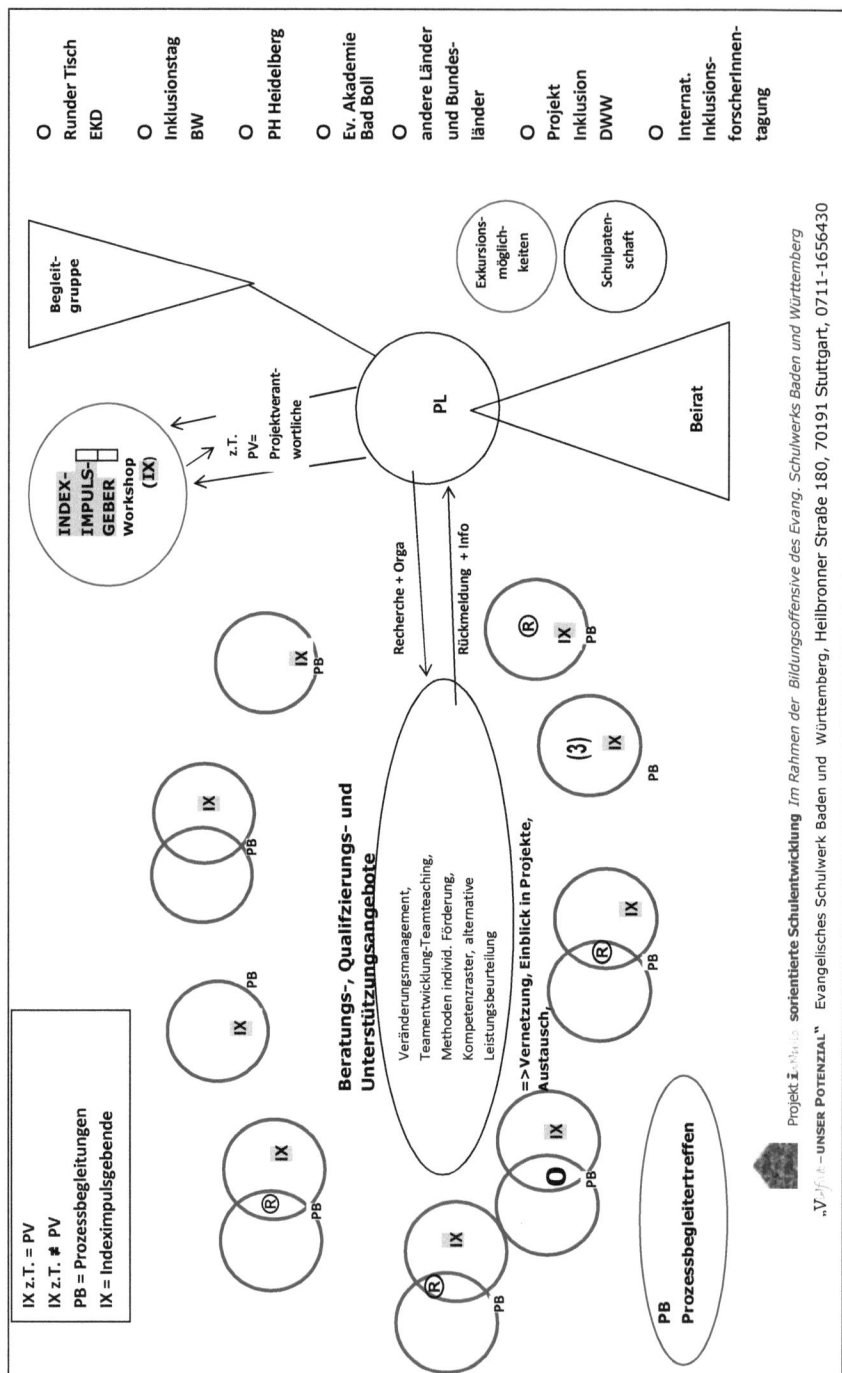

Abb. 1: Projektstruktur Inklusionsorientierte Schulentwicklung

tung und -durchführung ein wesentlicher Gelingensfaktor (s. Grafik mit Projekt-struktur – Kooperations- und Vernetzungspartner).

3. Die theoretischen Grundlagen für das Projekt/die Initiative

3.1 Unser Verständnis von Inklusion

Inklusion ist eine Leitidee, an der wir uns konsequent orientieren und an die wir uns kontinuierlich annähern, selbst wenn wir sie nie vollständig erreichen können. Inklusion ist ein lebendiger, kontinuierlicher Prozess, der nie zu Ende ist, aber überall anfangen kann. Inklusion bedeutet Veränderung in kleinen Schritten. *Aber:* Veränderung lässt sich nicht *perfekt* planen – Überraschungen, Umwege, Widerstände und Zweifel gehören dazu und können positiv wirken. Inklusion ist ein gemeinsamer Lernprozess und beinhaltet, auf allen Ebenen von-einander zu lernen. Vielfalt ist eine Ressource: Eine Gemeinschaft wird erfahre-ner und kompetenter, wenn sie die in ihr vorhandenen Formen von Vielfalt er-kennt, wertschätzt und nutzt. Deshalb spielen Prozesse und (kreative) Methoden, die die Anwesenden beteiligen und sehr stark einbeziehen, auf allen Ebenen des Projekts eine große Rolle. Der Index für Inklusion ist eine große Unterstützung dabei, unser häufig erwähntes und in vielen schulischen Leitbildern vorzufin-dendes christliches Menschenbild im Blick auf Inklusion nun auch glaubwürdig einzulösen und umzusetzen.

3.2 Projektstruktur

In den Einzelprojekten und im Gesamtprojekt sollten sich drei Dimensionen er-gänzen, die auch im Index für Inklusion beschrieben sind: *Strukturen, Kulturen und Praktiken.* Inklusionsorientierte Schul- und Unterrichtsentwicklung hat mit konkreten Methoden und Handwerkszeug zu tun, muss also praktisch wer-den. Dabei sollten vor allem die projektbezogenen Fortbildungen und Quali-fizierungsmaßnahmen die PädagogInnen vor Ort unterstützen (Methoden individueller Förderung, Kompetenzorientierung, Leistungsbeurteilung als För-derinstrument etc.) Praxis braucht jedoch auch geeignete Rahmenbedingungen – ob nun im Projekt oder außerhalb des Projektes. Deshalb muss die Entwicklung einer veränderten Praxis mit der Entwicklung entsprechender Strukturen Hand in Hand gehen. So reicht es z.B. nicht, einzelne Formen der fördern-den Leistungsbewertung wie Lerntagebücher oder individuelle Lernentwick-lungspläne punktuell in der einen oder anderen Klasse einzuführen. Vielmehr muss sich die Schule über ihre Strukturen der Leistungsbeurteilung, z.B. auch über die Einführung von Lernentwicklungsgesprächen mit Eltern und Schülern,

Gedanken machen, genauso wie über eine veränderte Kultur des Umgangs mit Leistung. Inklusionsorientierte Entwicklung kann nicht nur punktuell geschehen, weshalb die Projekte vor Ort vernetzt sein müssen mit der gesamten Schule und dem System vor Ort. Orte der Reflexion sind notwendig, um sich vor Augen zu führen, was bereits gut gelingt und was konsequente nächste Schritte sein könnten. Bei inklusionsorientierter Schul- und Unterrichtsentwicklung haben wir es mit einem Kulturwandel zu tun, der eine Sensibilisierung und Haltungsänderung bei jeder und jedem einzelnen voraussetzt und ein verändertes Wertesystem in Schule und Gesellschaft erforderlich macht. Diese Veränderung beginnt hier und jetzt in unseren Köpfen und Herzen und zeigt sich z.B. in unserer Sensibilisierung für Ausgrenzung oder für Situationen, in denen wir einzelne oder ganze Personengruppen nicht oder nur ungenügend einbeziehen und teilhaben lassen.

3.3 Projektbezogene Angebote

So komplex die Veränderungsprozesse vor Ort sind, so komplex sind die Anforderungen an die projektbezogenen Unterstützungsangebote. Dies zeigt sich z.B. darin, dass es häufig nicht genügt, ein Thema einmal anzubieten, da das Lernen hier eher wohl einer spiralförmigen Entwicklung gleicht – zum selben Thema stellen sich nach kurzer Zeit bei der Umsetzung neue und speziellere Fragen und es entsteht der Wunsch nach vertieften Kenntnissen zum Thema. Konkret z.B. bei der Leistungsbeurteilung – zunächst geht es häufig um die Frage nach Alternativen zur notenfreien Schule, zu Vor- und Nachteilen von Ziffernoten und diversen Möglichkeiten und Modulen der fördernden Leistungsbewertung. Sobald ProjektteilnehmerInnen diese vor Ort umzusetzen und ein eigenes System mit KollegInnen zu entwickeln versuchen, ergeben sich neue und konkretere Fragen zur Anwendung, zu Chancen und Grenzen eines bestimmten Moduls bzw. einer Methode der Leistungsbeurteilung. Zudem sensibilisiert der Index für Inklusion mit seinen Fragen auch immer ganz konkret für die Haltung, mit der eine Methode angewandt wird. Wenn ich z.B. erwäge, mit Kompetenzniveaus in der Leistungsbeurteilung zu arbeiten, muss ich mir die Frage gefallen lassen: Habe ich tatsächlich die individuelle und interindividuell unterschiedliche Entwicklung der SchülerInnen im Blick oder orientiere ich mich einseitig an fixen Niveauzuschreibungen, so wie ich es früher mit Stoffverteilungsplänen gemacht habe? Da auf allen Ebenen der Entwicklung Stagnation, Einseitigkeit und mangelnde Nachhaltigkeit von Prozessen eine große Gefahr darstellen und damit die Glaubwürdigkeit gelebter Inklusion auf dem Spiel steht, stellt der Index für Inklusion eine große Unterstützung im Blick auf die nachhaltige Umsetzung dar. Mit seinen Fragen – wenn sie konkret auf die aktuell anstehenden Veränderungsbemühungen und -schwerpunkte angewandt werden – bewahrt er vor kurzfristigen und einseitigen Lösungen, thematisiert Strukturen und Praktiken und sensibilisiert für eine inklusive Kultur und Haltung bei der Umsetzung.

Zum Thema Professionalisierungsmaßnahmen für Inklusion möchten wir kurz aus einem Beitrag von Frau Bettina Amrhein zitieren:

„Daher steht am Anfang jeder Professionalisierungsmaßnahme für Inklusion oder dem Umgang mit Heterogenität in der eigenen Schule ein offenes Umgehen mit dem Widerspruch von institutionellen Vorgaben auf der einen und Inklusion auf der anderen Seite. Besonders im Bereich der Sekundarstufe stehen die institutionellen Bedingungen des Systems einer inklusiven Arbeit oft als Widerspruch gegenüber. Lehrkräfte in inklusiven Settings sind daher permanent in der Situation, diese Antinomie durch ihr persönliches Handeln wieder auszugleichen. Wegen dieser Widersprüche sind auf dem Weg der Inklusion weniger einzelne Fortbildungen als vielmehr eine prozessbegleitende Professionalisierung nötig. Fortbildungsmaßnahmen im klassischen Sinne können also nur als Teil eines Gesamtkonzeptes der Professionalisierung von Lehrkräften für Inklusion verstanden werden.

Folgendes Schaubild veranschaulicht daher ein mögliches Vorgehen in drei nacheinander und zugleich parallel verlaufenden Phasen" (Amrhein, 2012, S. 333):

Eigenes Verständnis von Heterogenität klären	Prozessbegleitung sichten und einfordern	Prozessbegleitende Professionalisierung gestalten
Auf die Grundeinstellung kommt es an	Gestaltung der Anfangssituation	Ausgestaltung in Input-, Erprobungs- und Reflexionsphasen
Offenes Umgehen mit dem Widerspruch von institutioneller Vorgabe und Inklusion	Charakter der Professionalisierungs- maßnahmen klären	Professionalisierung im Bereich individuelles Lernen
Umgang mit Heterogenität als gemeinschaftliche Aufgabe	Schulleitung als Motor der Entwicklung	Sonderpädagogik als subsidiäres System
	Langfristige Planung der Professionalisierung	Ansatz des lebenslangen Lernens
	Ressourcenfragen klären	Kollegiale Fallberatung/ Supervision
		Teambuilding/ Vernetzung

Kasten 1: Gesamtkonzept der Professionalisierung (nach Amrhein, 2012)

Bezogen auf das Projekt entschieden wir uns für einen Dreiklang an Professionalisierungs- und Unterstützungsmaßnahmen, nämlich Fortbildungen, Indeximpulsgeberinnen-Workshop und Prozessbegleitung vor Ort, der den drei Dimensionen eines inklusiven Prozesses entspricht, nämlich Kulturen, Strukturen und Praktiken.

3.3.1 Prozessbegleitung vor Ort

Die projektteilnehmenden Schulen (und ihre Kooperationspartner) wurden an neun Terminen vor Ort von Prozessbegleitungen unterstützt. Die Prozessbegleiter (erfahrene SchulentwicklungsmoderatorInnen) wurden von der Projektleiterin Sabine Hettinger im Vorfeld ausgewählt. Aufgabe der Prozessbegleitung war es, dem Projektteam dabei zu helfen, eine Arbeitsweise und Projektstruktur zu finden, mit der sich das Projektvorhaben der jeweiligen Schule in der vorgegebenen Zeit konkretisieren und umsetzen ließ. Die Prozessbegleitungen untereinander tauschten sich zusammen mit der Projektleiterin zwei- bis dreimal im Jahr aus.

3.3.2 Austausch der Projektverantwortlichen und Arbeit mit dem Index für Inklusion im Workshop für IndeximpulsgeberInnen

Mit allen Indeximpulsgebenden in den obengenannten Projekten und Projektschulen fand etwa fünf- bis sechsmal pro Jahr der Workshop für Index-Impulsgebende statt, in dem wir gemeinsam anhand von Beispielen und Übungen Möglichkeiten erprobten, wie wir Vielfalt in der Gruppe wahrnehmen und als Chance nutzen können und was das für die Projekte und Situationen vor Ort bedeutet. Außerdem orientierten wir uns am Index für Inklusion, der mit seinen Fragen sensibel macht für Möglichkeiten der Inklusion und Gefahrenbereiche der Exklusion. In erster Linie wurde der IndeximpulsgeberInnen-Workshop zu einem Ort der Reflexion, Vernetzung und des Austausches.

3.3.3 Projektbezogene Fortbildungen

Zu der Zeit, als politisch bedingt viele inklusionsorientierte Schulentwicklungsprojekte in Baden-Württemberg starteten, konnten die staatlichen Fortbildungen den großen Bedarf nicht abdecken und waren deshalb meist sehr schnell belegt. Zu diesem Zeitpunkt wurden auch die projektbezogenen Fortbildungen erstmals angeboten und richteten sich in ihrem Konzept ganz eng an den Bedarfen der Schulen aus. Sie zeichneten sich durch konsequent prozessorientiertes und teilnehmerorientiertes Vorgehen aus, was die TeilnehmerInnen sehr schätzten. Im Indexworkshop wurden der Fortbildungsbedarf erhoben und die Themenschwerpunkte festgelegt. So erlebten sich die TeilnehmerInnen als selbstwirksam. Dieser Aspekt der Selbstwirksamkeit war ein positiver Gegenpol zu der Erfahrung des Ausgeliefertseins, die viele im Zuge dieses großen Paradigmenwechsels und Veränderungsdrucks in Bezug auf Inklusion immer wieder machen.

4. Die praktische Durchführung des Vorhabens/der Initiative

4.1 Fortbildungen

Die besonders nachgefragten Themen, zu denen im Rahmen des Projekts Fortbildungen angeboten wurden, waren: kompetenzorientierte Leistungsbeurteilung, Methoden individueller Förderung, Teamentwicklung und Teamteaching, konstruktiver Umgang mit Unterschieden Am Beispiel der Teamfortbildung wurde deutlich, wie wichtig es ist, viele Absprachen schon während der Fortbildung zu treffen und Strukturen zu entwickeln, z.B. für eine Teamkultur. Die Fortbildungen waren je nach Thema und Zeitbedarf für Absprachen ein- bis eineinhalbtägig. Auch bei den Fortbildungen wurde ein modellhafter Umgang mit Inklusion und damit mit Unterschieden und unterschiedlichen Bedürfnissen gelebt. Pro Schuljahr fanden drei bis vier Fortbildungen statt.

4.2 Indexworkshop

An dem Indexworkshop nahmen die IndeximpulsgeberInnen jeder Schule teil. Bei Bedarf und Interesse wurden sie von TeampartnerInnen begleitet. Der Projektleiterin war es wichtig, dass sich der Workshop durch eine besondere, inklusive Willkommenskultur auszeichnete. So wurde vor Beginn des Workshops immer ein Mittagessen angeboten, bei dem auf die verschiedensten Vorlieben und Bedürfnisse Rücksicht genommen wurde. Im inhaltlichen Teil des Workshops hatten die Indeximpulsgebenden die Chance, mit dem Index für Inklusion zu arbeiten, Inklusion als eine Haltung zu erfahren und Unterstützung in Bezug auf ganz konkrete Fragen zu inklusivem Unterricht und inklusiver Lernkultur zu erhalten. In der gegenseitigen Begegnung konnten sie erfahren, dass Inklusion auf allen Ebenen stattfindet, z.B. auch im Voneinander-Lernen. Indem sie sich immer wieder vor Augen führten, dass Inklusion eine gesellschaftliche Herausforderung und nicht nur ein Thema der Schule ist, erlebten sie eine Horizonterweiterung. So konnten sie das Eigene in ein größeres Ganzes einordnen. Diese Erfahrungen und Eindrücke wurden durch die IndeximpulsgeberInnen an die Schulen getragen, wodurch die tägliche Arbeit bereichert wurde.

Die Fortbildungen und der IndeximpulsgeberInnen-Workshop waren gekennzeichnet durch die Anwendung partizipativer Methoden, da Inklusion Beteiligung bedeutet. Diese Methoden waren in der Regel ebenso auf Unterrichtssituationen übertragbar bzw. im Unterricht anwendbar. Die Fortbildungen und der IndeximpulsgeberInnen-Workshop vermittelten den Teilnehmenden aus den verschiedenen Schulen und Standorten: Ich bin nicht allein mit den Problemen. Die Vielfalt der Projekte und Schulsituationen wurde sichtbar und damit bot sich eine Vielfalt der Lernchancen und Möglichkeiten, an den Fragen und Herausforderungen der anderen mitzulernen. Die Teilnehmenden fanden neuen Mut für das eigene Projekt, übten modellhaften Umgang mit Vielfalt ein und arbeiteten mit Fragen aus dem Index für Inklusion.

4.3 Prozessbegleitung

Die ProzessbegleiterInnen unterstützten die Schulen in ihren individuellen inklusionsorientierten Schulentwicklungsprozessen, wie beispielsweise der Erarbeitung einer Arbeits- und Projektstruktur. Sie übernahmen die Moderation der Sitzungen und stellten so sicher, dass gewisse Ziele im Auge behalten und schließlich auch erreicht wurden. Durch die Regelmäßigkeit der gemeinsamen Termine wurde gewährleistet, dass die Schulen trotz des oft arbeitsreichen Alltags kontinuierlich an ihrem inklusionsorientierten Konzept und neuen Strukturen weiterarbeiteten. Am Ende der gemeinsamen Zusammenarbeit trafen sich viele Prozessbegleitungen mit der von ihnen unterstützten Schule, um die zurückliegenden Prozesse sowie die gemeinsame Zusammenarbeit zu reflektieren.

5. Ausblick: Was können andere Schulen aus dem Projekt lernen?

5.1 Was sind Gelingensfaktoren für Inklusion?

5.1.1 Erfolgreiche Vernetzung

Der Austausch mit vielen anderen, das Erleben, dass „es mehr von unserer Sorte gibt" und neue Ideen, Anregungen und Tipps mit in die eigene Praxis vor Ort nehmen zu können, machten den Erfolg der Unterstützungsangebote aus. Viele haben sich für die gute, wertschätzende Atmosphäre bedankt. Für große wie für kleine Veranstaltungen und Projekte im Rahmen von inklusiven Veränderungsprozessen gilt dabei: Inklusive Prozesse sind dann besonders überzeugend, glaubwürdig und ansteckend, wenn sie bis in die Details ihrer Abläufe, ihrer Vorbereitung und Organisation selbst inklusive Werte anwenden und damit sichtbar machen.

Vernetzung ermöglicht gegenseitige Unterstützung und Voneinander-Lernen auf allen Ebenen. Vernetzung bedeutet Vergewisserung, indem wir mit anderen die Vision von Inklusion teilen und Horizonterweiterung erfahren: Wir sind nicht allein, sondern Teil eines viel größeren Ganzen. Vernetzung eröffnet ungeahnte Ressourcen und Lösungsmöglichkeiten und beweist: das Ganze ist mehr als die Summe seiner Teile. Vernetzung ermöglicht das Erleben von Vielfalt und den modellhaften Umgang mit Unterschieden, aber auch modellhaften Umgang mit den Aspekten Zugänglichkeit, Barrieren, Aushandlungsprozesse angesichts unterschiedlicher Bedürfnisse, Beteiligung. Vernetzung erleichtert – zusammen mit Reflexion – die systematische Feststellung von Unterstützungs-, Beratungs- und Fortbildungsbedarfen und die gemeinsame Organisation von entsprechenden Qualifizierungsangeboten, die ein Akteur oder eine Schule allein sich evtl. gar nicht leisten könnte.

Fragen: Mit wem kann ich mich vernetzen (Anregungen zu systematischer Vernetzung durch Indexfragen in „Inklusion vor Ort")? Wer lädt ein und steht als AnsprechpartnerIn zur Verfügung? Wie kann ich andere zur Vernetzung ermutigen?

5.1.2 Unverzichtbare Reflexion

Reflexionsaspekte sind Prozessreflexion (der eigene Lernprozess, der Veränderungsprozess der Schule und des Unterrichts, der gesamtgesellschaftliche Veränderungsprozess), Reflexion der eigenen Haltung (Vorurteilsbewusstsein entwickeln, eigene Barrieren im Kopf wahrnehmen, Behinderungsverständnis reflektieren, Bewusstseinsbildung), Reflexion des eigenen und gemeinsamen Inklusionsverständnisses, Reflexion und Weiterentwicklung der eigenen Praxis, Reflexion von inklusionsförderlichen und -hinderlichen Strukturen und Barrieren, Reflexion mit den Fragen des Index für Inklusion (als Instrument zur Entwicklung inklusiver Qualität) und mit Bezug zur UN-Behindertenrechtskonvention (Handlungsfelder, Aktionspläne), Anwendung und Reflexion partizipativer Methoden und der Möglichkeiten (Beteiligung, Vielfalt sichtbar machen), die sie eröffnen.

Fragen: Wer kann zur Reflexion anleiten (z.B. ein/e Supervisor/in)? Wer bringt in welcher Form Fragen aus dem Index für Inklusion ein? Wo gibt es Anregung zu partizipativen Methoden? Wie gelingt die Balance in den Reflexionsrunden zwischen Beteiligung und Steuerung? Bewusstseinsbildung ist eine bedeutsame Anforderung der UN-Konvention und damit ein wesentliches Handlungsfeld – wie und wo kann ich dazu beitragen?

Reflexionszeiten – Luxus oder Entlastung? *Eine kleine Veranschaulichung*
Eine Frau begegnete im Wald einem Mann, der sich an einem Baum mit einer Säge scheinbar mühevoll zu schaffen machte. „Was machen Sie?", fragte sie den Mann. „Ich säge gerade diesen Baum ab, können Sie das nicht sehen?", war die Antwort. „Natürlich sehe ich das, es scheint sehr anstrengend zu sein. Wie lange machen Sie das denn schon?" „Zwei Stunden." „Warum nehmen Sie sich nicht die Zeit und schärfen Ihre Säge? Dann würde es viel schneller und leichter gehen." „Dafür habe ich keine Zeit – ich muss diesen Baum fällen!"

5.2 Erkenntnisse aus dem Prozess

Ein wertschätzendes Klima ist wesentlich und lädt zu offenem Austausch ein. Eine entspannte Atmosphäre zeigt, dass die Gestaltung von Veränderungsprozessen Spaß machen kann. Eine gute Moderation, die aufgreift, überleitet, die Teilnehmenden ernst nimmt und wertschätzt, ist wichtig. Die Vielfalt der TeilnehmerInnen macht den Austausch spannend und erkenntnisreich. Es ist sinnvoll, die Teilnehmenden in die inhaltliche Vorbereitung und Abstimmung der Themen einzubeziehen. Es sollte Raum sein für Gelungenes *und* Misslungenes, sonst besteht die Gefahr der Problemtrance. Hilfreich ist das Motto: Das Mögliche tun. Es gilt, zwischen Beeinflussbarem und nicht Beinflussbarem zu unterscheiden.

Literatur

Amrhein, B. (2012). Fortbildung. In Mittendrin e.V. (Hrsg.), *Eine Schule für alle – Inklusion umsetzen in der Sekundarstufe.* Mülheim a.d. Ruhr.
Montag Stiftung Jugend und Gesellschaft (2012). *Inklusion vor Ort: Der Kommunale Index für Inklusion – ein Praxishandbuch.* Freiburg i. Breisgau.

Volkhard Trust

Selbstverständlich inklusiv [1]
Gemeinsames Lernen an der Matthias-Claudius-Schule, Bochum

1. Einleitung

Ich werde aus unserer Schulgeschichte erzählen, um möglichst anschaulich darzustellen, wie wir versuchen, miteinander Inklusion umzusetzen. Ich möchte Ihnen Mut machen, sich der Herausforderung Inklusion zu stellen, sie vor Ort zu praktizieren. Mir sind zwei Bemerkungen vorweg wichtig: Das, was an unserer Gesamtschule innerhalb von bald 25 Jahren gewachsen ist, sieht vielleicht jetzt beeindruckend aus, aber auch wir haben klein und teilweise erbärmlich angefangen. Und: Unsere Schule lebt davon, dass sie als Lern- und Lebensraum von möglichst vielen an Schule beteiligten Akteuren mitgestaltet werden kann. Deshalb haben wir von Anfang an darauf geachtet, dass wir uns zu einer ElternLehrer-Schüler-Schule entwickeln. Mittlerweile ist es sogar so, dass im zentralen Gremium unseres Schulträgers, dem Verwaltungsrat, Schülervertreter mit Sitz und Stimme bei Schüleraufnahmen oder Lehrerberufungen mitbestimmen. Wir beziehen also auch bei zentralen Entscheidungen neben Lehrern und Eltern Schüler selbstverständlich mit ein. Dieses Selbstverständnis ist auch ein wichtiger Baustein für die Umsetzung von Inklusion.

Einsteigen möchte ich mit einer zentralen Frage: „Inklusion ist nötig und möglich – Sind Sie davon überzeugt?" Sie werden nie Inklusion umsetzen können, wenn Sie davon nicht überzeugt sind. Ich behaupte: Wenn Sie Inklusion nicht zu einem Herzensanliegen machen, wird es für Sie immer sehr schwierig sein, weil Ihr Kopf genug Argumente liefern wird, die dagegen sprechen. Sie werden auch in der Praxis genug Schwierigkeiten erfahren und Hindernisse erleben, die in Ihnen den Eindruck verstärken, das traue ich mir nicht zu und das werden wir auch nicht schaffen. Daher ist es ganz wichtig, mit dieser Überzeugung zu starten: Inklusion ist nötig und möglich!" Inklusion braucht für ihre Umsetzung engagiert handelnde Personen. Ansonsten werden Sie sich immer als Erfüllungsgehilfen ministerieller Vorgaben fühlen.

---

1 Der Vortrag wurde am 4. April 2014 aufgenommen. Der Vortragsstil wurde in der leicht redaktionell überarbeiteten schriftlichen Fassung weitgehend beibehalten.

2. Wie Inklusion verstanden werden sollte

Ist Inklusion wirklich nötig? Wir haben ein exzellent ausgebildetes Förderschulsystem. Wer weiß, ob wir das in unseren Regelschulen überhaupt hinkriegen, dass wir die Schüler, die wir in unser allgemein bildendes System übernehmen sollen, wirklich so individuell und speziell fördern können? Für einen praxistauglichen Ansatz ist es von Bedeutung, wie Sie Inklusion für sich im ersten Schritt sehen. Versuchen Sie sich zu vergegenwärtigen: Inklusion heißt vom Grundansatz her „Teilhabe". Im Augenblick haben wir überwiegend einen Ansatz, der sich bildhaft so beschreiben lässt: Die Mehrheit spielt ein Spiel nach ihren festgelegten Regeln und sagt von Anfang an zu einer bestimmten Gruppe: „Ihr spielt hier nicht mit. Ihr könnt auf eurer eigenen Wiese spielen, aber nicht hier mit uns." Das ist die noch häufig praktizierte Segregation. Stellen Sie sich vor, man würde Sie so behandeln. Das würde Sie vermutlich sehr betroffen machen. In einer weiteren Entwicklungsstufe, der Integration, würden Sie die besagte Gruppe mitspielen lassen: „Wir integrieren euch in unser Spiel." Hier lässt sich ein wichtiger Unterschied zwischen Integration und Inklusion deutlich machen. Integration besagt: „Wir, die wir uns auskennen, bestimmen die Regeln für das Spiel. Wenn ihr die Regeln beherrscht, dürft ihr mitspielen, seid sogar willkommen. Aber wenn ihr die Regeln nicht beherrscht, dann könnt ihr nicht weiter mitspielen." Inklusion als weitere Entwicklungsstufe aber besagt: „Wir gehen einen anspruchsvollen, schwierigen Weg, um herauszufinden, ob wir miteinander die Spielregeln für ein gemeinsames Spiel festlegen können."

Wenn wir den Anspruch haben, dass sich unsere Gesellschaft human weiterentwickeln soll, komme ich zu dem Schluss: Inklusion ist nötig. Es macht keinen Sinn, hierfür eine Vielzahl von Spielwiesen einzurichten. Inklusion ist nicht nur nötig, sondern sie ist auch in vielen Bereichen möglich. Wie aber eine sinnvolle Teilhabe aussieht, das müssen wir in einem längeren Prozess herausfinden. Wenn wir allerdings die betroffenen Personen nicht zum Spiel einladen und damit im Miteinander nicht herausfinden können, welche Voraussetzungen sie mitbringen und welche Voraussetzungen wir mitbringen, kann es nicht zur Inklusion kommen. Das heißt also: Zunächst ist mutiges Handeln wichtig, das natürlich von einem intensiven Nachdenken begleitet sein muss.

Für eine gelingende Inklusion ist eine Willkommenskultur wichtig! In dem pädagogischen System, in dem ich handle, gebe ich zuallererst den Schülern (und auch den Eltern) zu verstehen: „So, wie ihr seid, seid ihr willkommen!" und nicht: „Sie, liebe Eltern, haben jetzt das Recht, dass Ihr Kind unsere Regelschule besuchen kann. Diesem Elternrecht müssen wir entsprechen, ansonsten drohen uns gerichtliche Auseinandersetzungen." Wenn mein Handeln nicht von einer einladenden Überzeugung getragen wird, kann ich keine Willkommenskultur entwickeln. Weil Existenz die vornehmste aller Eigenschaften ist – so Matthias Claudius –, ist jeder als Person willkommen.

Selbstverständlich inklusiv -
gemeinsames Lernen seit 28 Jahren (Matthias-Claudius-Schulen Bochum)

1986: MC-Grundschule -
20 I-Dötzchen
incl. 4 Schüler
mit Förderbedarf

1990: MC-Gesamtschule -
47 Fünfklässler
incl. 10 Schüler
mit Förderbedarf

Für Inklusion ist Multiprofessionalität ein Schlüsselwort

Steuern Sie direkt ein großes Ziel an: Inklusion ist unteilbar

Inklusion ist kein Zustand, eher ein Prozess.

Inklusion ist nötig und möglich. Sind Sie davon überzeugt?

Vor der Kultur des Behaltens kommt die Kultur des Willkommenseins.

Inklusion beginnt im Kopf, aber auch im Herzen.

Inklusion beinhaltet immer auch Krisen, Scheitern, Misserfolg. Sie lebt von den Neuanfängen.

Auch für Inklusion gilt: 1000 Meilen beginnen mit dem ersten Schritt.
(chin. Sprichwort)

Inklusion bedarf einer angemessenen Sach- und Personalausstattung.

Sie müssen nicht alles können. Sie haben doch ihre Schüler!

2014: MC-Grundschule - 185 Schüler
incl. 45 Schüler mit Förderbedarf
MC-Gesamtschule - 870 Schüler
incl. 160 Schüler mit Förderbedarf

1999: MC-Gesamtschule
Erstes Abitur, incl.
Schülern mit Förderbedarf

Kontaktadresse:
Matthias-Claudius-Schule Bochum
priv. ev. Gesamtschule der Sek I und II
gesamtschule@mcs-bochum.de

Begreifen Sie Inklusion immer als einen Prozess. Inklusion ist nie ein Zustand. Als Matthias-Claudius-Schulen kommen wir aus der Bewegung des gemeinsamen Unterrichts von Schülern mit und ohne Behinderung. Deswegen stellen wir uns häufig die Frage: „Sind wir (noch) integrativ oder sind wir (schon) inklusiv?" Wir merken oft, wie wenig wir erst erreicht haben und sind deshalb mit der Verwendung des Inklusionsbegriffes eher vorsichtig. Inklusion, wirkliche Teilhabe umzusetzen, bleibt hoch anspruchsvoll. Daran arbeiten wir uns weiterhin Tag für Tag ab. Wir bleiben an vielen Stellen immer noch Lernende. Das ist aber auch befreiend. Die in der Übersicht gewählte Formulierung „Teilhabe ermöglichen" drückt für uns den notwendigen Prozesscharakter aus. Das halten wir aus pädagogischer Sicht für angemessen. Politik und Bürokratie möchten Ergebnisse vorweisen, möchten zeigen, was schon da ist. Dadurch entsteht häufig bei Pädagogen Druck und häufig wird erwidert: „Ihr sprecht so selbstverständlich von inklusiven Lerngruppen. Wisst ihr überhaupt, was das bedeutet? Wisst ihr, welche Schwierigkeiten wir jetzt schon vor Ort haben?" Sehr befreiend finde ich – und danach arbeiten wir – ein chinesisches Sprichwort: „Tausend Meilen beginnen mit dem ersten Schritt." Wenn ich immer darauf warte, dass mir noch bestimmte Voraussetzungen geschaffen werden müssen, kommt kein Inklusionsprozess in Gang. Wir brauchen überhaupt nicht darüber zu diskutieren, dass eine angemessene Personal- und Sachausstattung selbstverständlich zu den Gelingensbedingungen von Inklusion gehört. Das habe ich im Juni 2013 bei einer Anhörung vor dem Landtag entsprechend ausgeführt. Begeisterung und Überzeugung allein tragen diese komplexe Aufgabe nicht. Aber, wenn ich immer in einer „Wenn-Dann-Haltung" verharre, kann ich die erforderlichen Schritte, die auf dem Weg zur Inklusion notwendig sind, nicht gehen.

Und dieser Weg schließt immer auch Krisen im eigentlichen Wortsinn, aber auch Scheitern und Nicht-Gelingen mit ein. Da kann es sein, dass es viel Zeit braucht, bis eine Schülerin oder ein Schüler in der Klasse „inklusiv" ankommt. Und manchmal scheinen individueller Förderbedarf und inklusive Zielsetzungen einen deutlichen Gegensatz zu bilden. Dies kann beispielsweise der Fall sein, wenn Schülerinnen und Schüler im Förderschwerpunkt emotionale und soziale Entwicklung aufgrund zahlreicher Traumatisierungen einen Betreuungsrahmen benötigen, der mit herkömmlichen Maßnahmen von Classroom-Management und abgestimmtem Verhaltenstraining im Klassenverband nicht zu erreichen ist. Dann kann es vorkommen, dass alle Beteiligten über einen anderen Förderort nachdenken müssen. Inklusion ist und bleibt ein dynamischer Prozess, der von zahlreichen Faktoren abhängt und dessen Gelingen nicht vorprogrammiert ist. Davor ist auch unsere Schule mit einer mehr als 20-jährigen Erfahrung im gemeinsamen Unterricht und mit einem Mitarbeiterstamm von 35 Sonderpädagogen und Sonderpädagoginnen nicht gefeit.

Auf dem Weg zu einer inklusiven Schule ist für uns Inklusion unteilbar. Das heißt, es darf bei der Inklusion nicht nur um Schüler im Förderbereich Lernen, nicht nur um Schüler im Bereich emotionale und soziale Entwicklung oder um Schüler mit dem Unterstützungsbedarf Sprache gehen, sondern es geht um alle Schüler, die einen Unterstützungsbedarf haben, ohne Wenn und Aber. Als Matthias-Claudius-Schule haben wir uns vom ersten Tag an entschieden, alle Kinder mit Unterstützungsbedarf aufzunehmen. Aus diesem Grund haben wir seit unseren Anfängen einen relativ hohen Anteil zieldifferent lernender Schüler, insbesondere Schüler mit Down-Syndrom, also Schüler mit dem Förderbedarf geistige Entwicklung. Am Anfang waren wir eher skeptisch, was die Integration von Schülern mit dem Förderbedarf geistige Entwicklung angeht. Inzwischen würde ich sagen: Ich bin froh, dass wir gerade diese Schüler an unserer Schule haben. Als Schule erleben wir eher unsere Grenzen im Umgang mit Schülern aus dem Förderbereich emotionale und soziale Entwicklung. Wenn Sie darüber nachdenken, wie Sie Inklusion in Ihrem schulischen Umfeld umsetzen können, setzen Sie sich durchaus das anspruchsvolle Ziel einer unteilbaren Inklusion in dem so beschriebenen Sinne. Das heißt nicht, dass Sie dies direkt umsetzen müssen. Wenn Sie dann Schritt für Schritt sich auf dieses Ziel zu bewegen, versuchen Sie immer von den Menschen aus zu denken.

3. Wie die Schule zur Inklusion gekommen ist

Die Matthias-Claudius-Schulen, eine Grund- und eine Gesamtschule, sind evangelische Schulen in freier Trägerschaft. Die Anfänge lagen im Jahr 1984. In diesem Jahr hatte sich erstmals ein Kreis engagierter Christen, vornehmlich Pädagogen, zusammengesetzt, um darüber nachzudenken, ob die biblische Herausforderung „Der Stadt Bestes zu suchen!" (Jer. 29, 11) auch in einem zukunftsweisenden Schulkonzept aus christlicher Verantwortung verwirklicht werden könnte. Zu diesem Initiativkreis gehörte auch Klaus Bloedhorn jr., ein ehemaliger Studienkollege von mir. Durch seine spastische Lähmung war er die überwiegende Zeit an seinen Rollstuhl gebunden. Wenn ich über die Anfänge unserer Schule berichtete, muss ich mich auch heute noch schämen, dass sich Klaus, um in den Tagungsraum unserer ersten Sitzung zu kommen, in unserem Gemeindezentrum drei Etagen am Geländer hochziehen musste, weil wir keinen Aufzug hatten. Und wir kamen nicht einmal auf die Idee, unser Treffen im Erdgeschoss abzuhalten. An diesem Abend meldete sich an einer Stelle des Diskussionsprozesses eine Teilnehmerin zu Wort: „Wir reden immer wieder davon, dass jeder Mensch als Geschöpf Gottes wertvoll und wichtig ist. Könnte es nicht ein zukunftsweisendes Konzept sein, dass Menschen mit und ohne Behinderung gemeinsam unterrichtet werden und voneinander lernen können? Für uns ist es ja auch selbstverständlich, dass Klaus in unserem Kreis dabei ist!" Keiner von uns war Experte für den gemeinsamen Unterricht und trotzdem spürten wir, dass sich hier etwas für uns Richtungweisendes anbahnte.

Dieser Herausforderung wollten wir uns stellen. Wir lernten bei unseren weiteren Überlegungen und Recherchen Jakob Muth kennen, einen der „Väter" des gemeinsamen Unterrichts, der als Pädagogik-Professor an der Ruhr-Universität Bochum lehrte. Wir stellten ihm unser Konzept vor und bekamen seine volle Unterstützung. Auch bei der Stadt Bochum, insbesondere beim damaligen Leiter des Schulverwaltungsamtes, Herrn Niedringhausen, trafen wir auf offene Türen Und dann haben wir uns mit Hilfe der Stadt Bochum auf den Weg gemacht. Die für uns ermutigende Rückmeldung, die wir bekamen, lautete so: „Endlich diskutieren Leute nicht nur über die Empfehlungen des deutschen Bildungsrates und erwarten von anderen die Umsetzung, sondern wollen selbst anpacken. Wir unterstützen sie." Die Unterstützung sah so aus, dass wir zum Start unserer Grundschule im Jahre 1986 ein Schulgebäude von der Stadt Bochum bekommen haben – schon etwas abgewohnt, auch behindertenunfreundlich, aber mietfrei. Mit zwei Klassen auf jeder der vier Etagen hatten wir alles andere als optimale Bedingungen, aber wir waren stolz, dass wir – nach erfolgter staatlicher Genehmigung – mit einem ersten Schuljahr beginnen konnten.

Unser erstes Grundschuljahr besuchten neben 16 Schülerinnen und Schülern mit Grundschulempfehlung vier Schülerinnen und Schüler mit ausgewiesenem Förderbedarf: ein Mädchen mit Down-Syndrom, ein körperbehinderter Schüler mit einer Lernbehinderung, die an geistige Behinderung grenzte, ein weiterer Schüler mit Körperbehinderung und ein Schüler mit dem Förderbedarf Sprache, der übrigens zwanzig Jahre später in seiner Doktorarbeit ein 100 Jahre altes mathematisches Problem gelöst hat. Integration/Inklusion fördert auch erstaunliche Talente zu Tage.

Im Anschluss an die Grundschule folgte 1990 eine zunächst zweizügige Gesamtschule. In die zwei 5. Klassen haben wir zehn Schüler mit ausgewiesenem Förderbedarf aufgenommen, die Förderschwerpunkte lagen in den Bereichen geistige Entwicklung, körperliche und motorische Entwicklung, Lernen und Sprache. Gestartet sind wir in dem Gebäude einer auslaufenden Hauptschule, einmal mehr behindertenunfreundlich. Weil wir keinen Aufzug hatten, mussten wir Rolli-Fahrer mitunter die Treppen hoch tragen. Da wir auch finanziell nicht „auf Rosen gebettet" waren, haben wir zunächst nur zusammengesuchtes Mobiliar in den Klassen gehabt. Irgendwie sind wir durchgekommen, trotz hoher Personalkosten, die in dem notwendigen Zwei-Lehrer-Prinzip begründet waren. Wegen der großen Nachfrage haben wir unsere Gesamtschule Schritt für Schritt zur Vierzügigkeit erweitert und in jedem neuen Zug selbstverständlich den gemeinsamen Unterricht fortgesetzt. 1994 konnten wir sowohl als Grund- als auch als Gesamtschule in eigene Gebäude ziehen. Unsere Grundschule ist bewusst zweizügig geblieben, obwohl die Nachfrage nach Schulplätzen größer war. 1999 haben unsere ersten Schüler ihr Abitur gemacht. Mittlerweile besuchen mehr als 860 Schüler, davon 160 Schüler mit unterschiedlichem Förderbedarf, die Klassen 5 bis 13. In der Oberstufe haben wir auch eine Reihe Schüler mit Körper- und

Sinnesschädigung. Vor etwas mehr als zehn Jahren haben wir den nächsten Schritt unserer Entwicklung eingeläutet: Wir haben uns mit der Gründung eines Sozialwerkes auseinandergesetzt, das sich neben dem Bildungsangebot auch der Inklusion in den Bereichen Wohnen und Arbeit annimmt. Inklusion als gesellschaftliche Herausforderung ist nicht mit der Schule zu Ende. Mittlerweile existiert ein Matthias-Claudius-Sozialwerk, das Träger und Betreiber verschiedener Einrichtungen ist: Der MCS-Juniorakademie, die sich im außerschulischen Bereich in verschiedenen, gut besuchten Kursen als „Sportverein für technisch und naturwissenschaftlich Begabte und Interessierte" um Freude am spielerischen Entdecken und Nachwuchsförderung kümmert oder der Claudius-Höfe, einem Integrativen Mehr-Generationen-Wohnprojekt, das 2011 an den Start gegangen ist. 300 Meter vom Bochumer Hauptbahnhof entfernt ist dieses Wohnprojekt mit ca. 200 Bewohnern als Dorf mitten in der Stadt auf einer ehemaligen 10.000 qm großen Industriebrache entstanden und bereits mehrfach prämiert worden. Hinzu kommt die Villa Claudius, eine gemeinnützige Tochter des Sozialwerkes, die die Aufgabe hat, integrative Arbeitsplätze im Bereich Gastronomie, Hotel und Gartenbau zu schaffen. So betreibt die Villa Claudius in den Claudius-Höfen u.a. das Claudius-Hotel. Mögliche Erweiterungen haben wir im Blick. Sie merken: 1.000 Meilen beginnen mit dem ersten Schritt. Inklusion ist eine spannende Herausforderung, wenn sie im gesellschaftlichen und nicht allein schulischen Kontext gedacht wird.

4. Wer im Inklusionsprozess Verantwortung trägt

Wir haben eine größere Zahl von Sonderpädagogen in unseren Schulen, die fester Bestandteil der Kollegien und nicht abgeordnet sind. Sie waren von Anfang an in die Konzeptentwicklung und Planung eingebunden. In der Schulleitung der Gesamtschule durchdenken drei Sonderpädagogen Fragen der Inklusion auf Schulleitungsebene mit. Der Schulleiter unserer Grundschule ist ebenfalls Sonderpädagoge. Ich bin froh, dass wir an unserer Gesamtschule einen Heilpädagogen im Team haben. Weiterhin haben wir die Möglichkeit, über Ergotherapeuten, Sprachtherapeuten und auch Krankengymnasten die entsprechenden Angebote machen zu können, um Eltern und Schüler zu entlasten. Eine inklusive Schule braucht diese Multiprofessionalität. Gute Sonderpädagogen oder Integrationshelfer reichen nicht aus. Mit diesen personellen und natürlich auch den entsprechenden räumlichen Möglichkeiten kann ein Lebensraum gestaltet werden, der inklusiv wird und über den Unterricht hinausreicht. Eine Ganztagsschule kann mit ihren unterschiedlichen Angeboten diesen Prozess zusätzlich unterstützen. Diese Erkenntnisse und das Spektrum an unterschiedlichen Angeboten waren nicht von vornherein da, sondern haben sich nach und nach entwickelt.

Lehrer sehen sich häufig als alleinverantwortlich dafür, den Inklusionsprozess zu initiieren und in Bewegung zu halten. Wenn sie das nicht schaffen, meinen sie, dass ein Inklusionsprozess nicht stattfindet. Deshalb formuliere ich ein wenig provozierend: „Sie müssen nicht alles können, Sie haben doch ihre Schüler". In unseren Klassen machen wir die Erfahrung, dass wir auf Helferprinzipien setzen können. Schüler entwickeln Vorstellungen und Ideen darüber, wie sie ihre Mitschüler unterstützen können, auf die wir als Lehrer mitunter nicht kommen würden und bringen in die verschiedenen Prozesse Kompetenzen mit ein, die wir als Lehrer in diesem Umfang nicht abdecken könnten. Sie können als Lehrer alle laufenden und notwendigen Prozesse gar nicht alleine steuern. Bestimmte Dinge vorzudenken, Spielräume zu schaffen, guten Entdeckungen Kontinuität verleihen – das ist sehr wohl Ihre Verantwortung und Aufgabe. Aber Sie haben immer auch Ihre Schüler an Ihrer Seite, die Sie hier begleiten und unterstützen können. Auch in diesem Bereich gilt das, was ich immer wieder betone: Auch dieser Bereich hat prozesshaften Charakter. Auch hier gibt es Misserfolge und Scheitern, insbesondere, wenn Ihre Schüler in die Pubertät kommen. Manchmal hat man dann das Gefühl: Es ist alles wie weggeblasen. Diese Phase zu durchleben und zu überwinden ist eine Achterbahn der Gefühle. Sie können aber dann auch erleben, dass sich Verhaltensweisen und Einstellungen ändern. Nicht immer werden Sie die Früchte Ihrer Arbeit zu Gesicht bekommen. Manchmal stellen wir erstaunt fest, dass Schüler, denen wir es nicht zugetraut hätten und die sich in ihrer Schulzeit nicht als „Leuchten" der Inklusion gezeigt haben, später in sozialen Berufen arbeiten und sich dort ungezwungen und nahezu selbstverständlich der Menschen mit Behinderung annehmen. Daran merkt man, dass solche Veränderungsprozesse, die grundlegende Einstellungen betreffen, oft ein bisschen länger dauern. Neben der Bereitschaft, mutig etwas zu wagen, muss man auch eine gehörige Portion Geduld haben, bis manches zu einem guten Ergebnis kommen kann.

5. Wie in der unterrichtlichen Praxis inklusiv gearbeitet wird

Wenn Sie in der unterrichtlichen Praxis inklusiv arbeiten wollen, müssen Sie stärker auf individualisiertes und differenziertes Lernen setzen. Bei uns verbindet sich das zunehmend mit dem Stichwort *Lernbüro* und dem, was damit zusammenhängt (s. Abb. Lernbüro & Co). Anlass für dessen Entwicklung war der Wunsch, Inklusion auch in den Fächern Mathematik, Deutsch und Englisch konsequenter umzusetzen. Den Impuls für die Veränderungen in unserem Pädagogischen Konzept bekamen wir von der Max-Brauer-Schule in Hamburg,

Neues Konzept

Im Jahr ihres 20-jährigen Bestehens – 2010 – hat sich die Gesamtschule mit der Einführung des Konzeptes "Lernbüro & Co" auf einen neuen pädagogischen Weg begeben. Im Mittelpunkt dieses Weges steht der Wunsch nach einer echten individuellen Förderung, die die Unterschiedlichkeit der Kinder, egal ob mit oder ohne Förderbedarf als Normalfall begreift und ernst nimmt. Gemeinsames Leben und Lernen wird im Klassenverband möglich, wenn sich Lehrerinnen und Lehrer in einer neuen inneren Haltung als "Lernbegleiter" verstehen und die Selbsttätigkeit und Selbstständigkeit der Schülerinnen und Schüler fördern.

Wertschätzung

"Meine Leistung wird gesehen und gewürdigt." Das steht auf der ersten Seite des Logbuches der Schülerinnen und Schüler. Gegenseitige Wertschätzung, nicht nur beim Lernen, auch im Miteinander soll die Haltung in unserer Schule bestimmen.

Arbeit im Lernbüro

Im Zentrum des Konzepts steht das so genannte Lernbüro. Im Lernbüro arbeitet die Klasse, beziehungsweise jeder einzelne Schüler und jede Schülerin, in den Fächern Deutsch, Englisch und Mathematik selbstständig mit vorgegebenem Material. Bestandteil eines "Bausteins" sind jeweils die Inhalte, die für Schulen in NRW vorgegeben sind und die Bausteine sind so aufbereitet, dass sie von den Schülerinnen und Schülern selbstständig bearbeitet werden können. Jeder Schüler und jede Schülerin entscheidet, evtl. unter Beratung seines Tutors oder seiner Tutorin, an welchem Baustein in Deutsch, Mathe oder Englisch er oder sie arbeitet. Am Ende einer solchen Arbeit mit dem Baustein steht immer das Schreiben einer Klassenarbeit zu dem jeweiligen Baustein.

Logbuch Tutorengespräche

Wie erhalten Schülerinnen und Schüler eine Rückmeldung zu ihrer selbstständigen Arbeit?
Wie erfahren Eltern etwas davon, was ihre Kinder in Deutsch, Englisch und Mathe im Lernbüro lernen?
Der Austausch und die Kommunikation der Wochenergebnisse geschieht für Schülerinnen und Schüler, aber auch für die Lehrerinnen und Lehrer und Eltern über das Logbuch.

Jeder Schüler und jede Schülerin erhält zu Beginn des Jahres dieses Logbuch. Es ist schön gestaltet und reicht für das ganze Jahr. Im Logbuch wird jede Woche dokumentiert. Zunächst beurteilen die Schülerinnen und Schüler ihre Woche, ihre Arbeit und ihr Arbeitsverhalten im Lernbüro und den anderen Fächern. Danach bekommen sie eine Rückmeldung von ihrem Lehrer. Dazu teilen sich die beiden Klassenlehrer/innen die 26 Schülerinnen und Schüler der Klasse untereinander auf. Jeder Tutor und jede Tutorin ist für ein Schuljahr für 13 Schülerinnen und Schüler verantwortlich, betreut sie kontinuierlich in der Arbeit mit dem Logbuch.
Schließlich unterschreiben auch die Eltern wöchentlich, was ihre Kinder in ihr Logbuch geschrieben haben und wie sie die Arbeit in der Schulwoche beurteilen.

Bilanz- und Zielgespräche

Die Bilanz- und Zielgespräche ersetzen den bisherigen Elternsprechtag. Die Gespräche werden zwischen Klassenlehrerteam, Eltern und Schülern geführt. Grundlage der Gespräche sind die Logbücher, Beobachtungen der Klassenlehrer und Informationen der Fachlehrer, die vorher an die Klassenlehrer übermittelt wurden. Sie dienen dazu, den aktuellen Leistungsstand der Schüler zu besprechen und konkrete Vereinbarungen für die zukünftige Arbeit zu treffen. Diese werden schriftlich fixiert.

In der Praxis

Jeden Montagmorgen plant die Klasse mit ihren Klassenlehrern die Woche und jeder sein **individuelles Lernpro-
gramm**. Was habe ich in Deutsch schon geschafft? Wie
weit bin ich in Englisch? Muss ich mir in Mathe noch Hilfe
holen? Diese drei Fächer geben Stunden ins „**Lernbüro**",
jeden Tag steht eine Doppelstunde eigenständiges Lernen
auf dem Programm. „Bausteine", die auf der Basis der
Kernlehrpläne alle wesentlichen Bestandteile des Curricu-
lums erfassen, bieten Material zur Erarbeitung und Vertiefung des Lernstoffes. Begleitet werden diese Stunden von
den Fach- und Klassenlehrern. Als Lernbegleiter gewinnen
sie Zeit, einzelnen Kindern Unterstützung und Hilfen zu
geben.
Der Planungsprozess wird im „**Logbuch**" festgehalten und
in regelmäßigen Tutorengesprächen von den Klassenlehrern begleitet. Dort ist der Raum über den aktuellen Stand
zu sprechen und dabei eine Rückmeldung und Planungs-
hilfen zu bekommen. Freitags wird das Logbuch mit nach
Hause genommen und die Eltern können sehen, was in der
vergangenen Woche passiert ist.
Ergänzend gibt es zwei Stunden **Lernzeit**, in denen Hausaufgaben aus anderen Fächern erledigt werden und Raum
für die Tutorengespräche ist. Klassische Hausaufgaben
gibt es nicht mehr.

die wir über ein Hospitationsstipendium des Deutschen Schulpreises kennenlernen durften. Wir haben uns entschlossen, bei den neuen Schülergenerationen
ihre Eigenverantwortung beim Lernen weiter zu stärken und mehr gemeinsames Lernen zu ermöglichen. Und so arbeiten wir daran – und da haben wir uns
wieder ordentlich etwas vorgenommen – die Inhalte in Deutsch, Englisch und
Mathematik in sogenannten Bausteinen aufzubereiten.

In der Regel geht ein hoher Prozentsatz an Schülern aus unserer Grundschule
auch in unsere weiterführende Schule. Wir haben uns entschieden, stärker als
bisher an die Lernkonzepte im Grundschulbereich anzuknüpfen und von unserer und natürlich auch anderen Grundschulen zu lernen. Oft sind Grundschulen
bei der Gestaltung von Lernprozessen sehr innovativ. Und dann kommt die weiterführende Schule und macht alles wieder ganz anders.

Ein Klassenraum sieht inzwischen bei uns anders aus. Da gibt es *Lernbausteine*, die in Kästen untergebracht sind, und auf Karten den Lernstoff erklären und Übungen anbieten. Wir stellen als positiven Effekt fest, dass in diesem Kontext Helferprinzipien noch stärker tragen. Leistungsstarke Schüler fühlen sich nicht mehr gebremst, sondern können stärker in ihrem Tempo arbeiten. Sie haben dann aber auch Kapazitäten, sich anderen Schülern zuzuwenden und sie zu unterstützen. An jedem Tag finden zwei Stunden im Lernbüro statt, in denen die Schüler selbstständig und von den Klassenlehrern als Tutoren begleitet in ihrem Tempo arbeiten können. Wichtig ist dabei, dass die Schüler rechtzeitig lernen, ihre Ziele zu formulieren. Um das nachzuhalten, führen sie ein Logbuch. Die Eltern bekommen das Logbuch, wenn sie es wollen, täglich zu Gesicht und zeichnen es am Ende der Woche ab, können Rückmeldungen geben und bekommen so einen Einblick in das, was gemacht worden ist. Die Sorge mancher Eltern, Lernen im Lernbüro wäre nun beliebig, taucht längst nicht mehr so häufig auf wie in der Anfangsphase.

Die Kommunikation läuft nicht allein über das Logbuch. Jede Klasse hat zwei Klassenlehrer. Das sind bei uns immer ein Regelschullehrer und ein Sonderpädagoge, möglichst Mann und Frau. Sie führen in der Regel im vierzehntägigen Rhythmus die sogenannten *Tutorengespräche*. Die Elternsprechtage ändern sich in der Form, dass mit Eltern und Schülern zusammen sogenannte Bilanz- oder Zielgespräche geführt werden. Diese Bilanz- und Zielgespräche kreisen u.a. um die Fragen „Wo stehst du im Augenblick? Was hast du dir vorgenommen und (nicht) erreicht?" „Was sind die Ziele, die du als Nächstes in Angriff nehmen willst bzw. solltest?"

Baulich haben wir jedem Klassenraum einen *Nebenraum* zugeordnet. Im Laufe der Zeit hat sich dessen Nutzung gewandelt. Aus zunächst naheliegenden Gründen haben wir den Nebenraum überwiegend mit den Schülern genutzt, die einen sonderpädagogischen Unterstützungsbedarf haben, was zu einer Stigmatisierung und zu ablehnenden Reaktionen bei den Regelschülern geführt hat: „In den Raum gehe ich nicht. Da gehen nur die rein, die Probleme haben. Ich habe aber keine Probleme." Das war natürlich nicht die Botschaft, die wir senden wollten. Inzwischen wird der Nebenraum im Rahmen unseres veränderten Pädagogischen Konzeptes von allen Schülern genutzt. Bei individualisierten Phasen im Unterricht werden zu gleicher Zeit Orte gebraucht, an denen die einen in Ruhe arbeiten, die anderen im Gespräch unterschiedliche Aufgaben bearbeiten können oder aber eine Kleingruppe zum Beispiel einen zusätzlichen Input zum Thema Multiplikation erhält. Mittlerweile nutzen wir für diese Phasen auch verstärkt unsere Flure. Und so stellt sich nicht mehr die Frage: „Wer ist denn da in diesem Nebenraum?" Es ist inzwischen selbstverständlich, dass wir diese Peripherie brauchen, damit allen Schülern individuell begegnet werden kann.

Zum Lernbüro gehört auch eine *Lautstärkeampel*, die sich in jedem Klassenraum befindet, und in verschiedenen Phasen des Lernbüros Anwendung findet. Die Schüler schreiben nicht mehr zu einem für alle festgelegten Termin ihre Klassenarbeiten, sondern immer dann, wenn sie einen Baustein fertig bearbeitet haben. Dann findet eine Bausteinbesprechung mit dem Fachlehrer statt, von der dann der Zeitpunkt abhängt, wann die Klassenarbeit geschrieben wird. Das kann dann sehr zeitnah geschehen oder aber noch ein wenig dauern, weil noch etwas nachgearbeitet werden muss. Wenn die Klassenarbeit in der Lernbürozeit geschrieben wird, muss natürlich absolute Ruhe im Raum sein. Die Ampel steht auf Rot und die Mitschüler erledigen still ihre Aufgaben. Das funktioniert tatsächlich. Als zusätzliche Unterstützung dienen bei Bedarf in den unterschiedlichen Phasen des Lernbüros einfache Lärmschutzkopfhörer aus dem Baumarkt.

Wenn ein Schüler bei den Aufgaben im Lernbüro nicht weiter weiß, signalisiert er das durch eine Klammer an der sogenannten *Hilfekette*. Diese regelt die Reihenfolge der Unterstützung durch die Lehrer, die während der Lernbürozeit vor Ort sind. Die Unterstützung des Lehrers soll aber erst dann in Anspruch genommen werden, wenn eine Hilfe durch einen Mitschüler nicht möglich ist. Diese Selbstständigkeit und Eigenverantwortung muss natürlich eingeübt werden.

Ein kleiner Ausblick: U.a. das Thema *Classroom Management* wird uns aus einem bestimmten Blickwinkel in nächster Zeit stärker beschäftigen. Wir hatten bisher eher wenige Schüler mit dem Förderschwerpunkt emotionale und soziale Entwicklung. Das wird aber in Zukunft anders sein. Hier sehen wir für uns einen Fortbildungsbedarf und hoffen, dass wir uns auch im Blick auf diese Schülergruppe auf dem Weg zu einer inklusiven Schule weiterentwickeln und entsprechende Strukturen ausbilden.

Zum Schluss: Wie wird die MCS, wie wird Ihre Schule in zehn oder zwanzig Jahren aussehen? Genau voraussehen kann das keiner von uns. Wandel ist eben nicht vorprogrammierbar. Wenn wir Inklusion in den vielen kleinen und großen Schritten annehmen und ernst nehmen, werden wir als Schulgemeinden nicht nur an Vielfalt, sondern auch an Tragfähigkeit gewinnen. Davon bin ich überzeugt. Denn: Inklusion ist nötig und möglich!

Alice Lennartz & Jens Wehrmann

Gemeinsame Verantwortung – Doppelte Wirkung!
Unterstützung von Inklusionsprozessen in Schulen mit Hilfe regionaler Netzwerke

Die Gestaltung des Prozesses hin zu einer Schullandschaft, in der sich selbstverständlich alle Kinder und Jugendlichen aus dem Einzugsgebiet einer Schule begegnen, ist ein breites, komplexes und überaus anspruchsvolles Arbeitsfeld. Es ist auf die Bereitschaft zu einer gemeinsamen Verantwortungsübernahme und auf ein abgestimmtes und reflexives Vorgehen aller beteiligten Akteure innerhalb einer Region angewiesen.

1. Inklusionsförderliche Grundsätze

Leitungspersonen in Schulen, Schulämtern, der Jugendhilfe und freien Trägern sehen sich vor die Aufgabe gestellt, sich selbst und alle Akteure in ihren Systemen für einen Wandel zu begeistern, der in vielfacher Hinsicht nicht deutlich zu fassen ist und vielerorts Verunsicherung und Sorgen auslöst. Einzig der an die Gesellschaft und ihre Schulen gerichtete Anspruch ist eindeutig: „Die Vertragsstaaten anerkennen das Recht von Menschen mit Behinderungen auf Bildung … Bei der Verwirklichung dieses Rechtes stellen die Vertragsstaaten sicher, dass Menschen mit Behinderungen nicht aufgrund von Behinderung vom allgemeinen Bildungssystem ausgeschlossen werden und dass Kinder mit Behinderungen nicht aufgrund von Behinderung vom unentgeltlichen und obligatorischen Grundschulunterricht oder vom Besuch weiterführender Schulen ausgeschlossen werden." Weiter verpflichten sich die Vertragsstaaten, dass „angemessene Vorkehrungen für die Bedürfnisse des Einzelnen getroffen werden" und „Menschen mit Behinderungen innerhalb des allgemeinen Bildungssystems die notwendige Unterstützung geleistet wird, um ihre erfolgreiche Bildung zu erleichtern" (UN Behindertenrechtskonvention, Artikel 24).

Zwar wäre die Benennung zur Realisierung hilfreicher „SMARTer" Schritte/ Ziele, die von den beteiligten Institutionen und handelnden Personen gemeinschaftlich „abgearbeitet" werden könnten, wünschenswert, aber solche Handlungsanweisungen liegen bekanntlich nicht vor. Sie können auch nicht vorliegen, da für jedes System das jeweilige Bedingungsgefüge berücksichtigt und ein individuelles Netz von Unterstützungsmaßnahmen geknüpft werden muss.

Empfehlenswert ist es aber, wenn sich die entscheidenden Akteure vor Ort auf einige inklusionsförderliche Grundsätze einigen können und sie zu Axiomen der gemeinsamen Arbeit machen. Einige seien im Folgenden kurz vorgestellt.

1.1 Inklusion kommt. Und das ist richtig so!

Eine positive Haltung gegenüber dieser gesellschaftlichen Veränderung ist die Grundvoraussetzung für eine erfolgreiche Entwicklung. Die Verantwortung für die Initiierung und Sicherung des Prozesses einer inklusiven Schullandschaft liegt vor allem bei den Leitungspersonen: Inklusion ist „Chefsache"! Durch ihre Haltung und ihr Handeln schaffen Leitungspersonen die Grundlage dafür, dass alle Akteure Gelegenheit dazu erhalten, ihre Praxis gemeinsam zu reflektieren und die Methoden und Strategien in ihren Systemen zu beeinflussen (UNESCO-Leitlinien zur Inklusion, 2009, S. 20).

So kann eine systemisch-reflexive Haltung als notwendige Voraussetzung für einen professionell angelegten Wandel grundgelegt werden. Dies dient nicht nur allen Schülerinnen und Schülern, es entlastet und unterstützt auch alle Akteure vor Ort und nimmt sie mit in die Verantwortung für einen Prozess, der nicht länger förder- und defizitorientiert gestaltet werden kann – in Abkehr von der traditionellen Sonderpädagogik, die seit dem Paradigmenwechsel in den 1990er Jahren eigentlich schon transformiert sein sollte, aber im Alltag von Schule und Unterricht immer noch eine maßgebliche Rolle spielt.

1.2 An konkreten Personen (Stärken, Motivationen, Interessen, Bedarfen ...) orientieren!

Handlungsleitend kann nur das den Akteuren in ihren jeweiligen Verantwortungsbereichen anvertraute Kind mit seinen individuellen Voraussetzungen sein, die durch sozioökonomische, biografische und medizinische Faktoren bedingt sind. Inklusion ist daher vor allem eine Frage der Haltung zu jedem einzelnen Kind und Jugendlichen (Aldejohann, 2013).

1.3 Inklusion benötigt eine entwicklungs- und stärkenorientierte Haltung!

„Wie die Barrieren finden sich auch Ressourcen in allen Aspekten einer Schule: In der Schülerschaft, in der Elternschaft, in der Gemeinde, bei den MitarbeiterInnen und in der Veränderung von Kulturen, Strukturen und

Praktiken" (Boban & Hinz, 2003, S. 13). Das Wissen um diese Ressourcen vermindert nicht direkt die Unsicherheit, erhöht aber die Zuversicht, auf dem Weg der Inklusion konsequent voran zu schreiten.

1.4 Jeder hat Stärken, die entdeckt werden wollen!

Auch Erwachsene können „nur" in der Zone ihrer nächsten Entwicklung (Vygotskij, 2002) lernen. Entwicklungsprozesse benötigen auch in diesem Kontext die Bewusstmachung sinngebender Zusammenhänge als Energieschub für die Anstrengung der Veränderung. Der sinngebende Zusammenhang im Kontext einer inklusiven Schulentwicklung ist leicht zu benennen: „Alle Kinder, die im Schulgebiet gemeinsam leben, sind willkommen um in unserer Schule gemeinsam zu lernen!" (Sommer-Stumpenhorst, 2012).

Allerdings tun wir uns mit der Umsetzung schwer. Nach wie vor zweifeln viele Lehrkräfte und Schulleitungen, aber auch Vertreter von Schulträgern und andere Akteure in der Region an den Erfolgsaussichten eines inklusiven Schulsystems. Menschliches Handeln wird immer durch subjektive Theorien gesteuert – und diese sind schwer veränderbar. Dies gilt auch für die individuellen Unterrichtsmodelle und Überzeugungen („scripts" und „beliefs": Bonsen, 2010). Wenn wir überzeugt sind, dass eine inklusive Schul- und Unterrichtsentwicklung möglich ist, wird sie gelingen. Der Umkehrschluss gilt ebenfalls. Deshalb:

1.5 Alle Akteure benötigen Unterstützung!

Eine inklusive Schul- und Unterrichtsentwicklung muss systematisch, teamförmig und schulweit angelegt sein (Rolff, 2007). Die entscheidende Bedingung für die Qualität eines inklusiven Unterrichts ist und bleibt die Lehrkraft (Riecke-Baulecke, Helmke, Köller, Köller & Baulecke, 2007). Ihre Ausbildung sowie ihre Bereitschaft und Fähigkeit, sich den verändernden Anforderungen an zeitgemäßes Lernen kontinuierlich zu stellen, sind das Nadelöhr zu einer inklusiven Schule. Dabei darf sie nicht alleine gelassen werden. „Die Meinungen der Beteiligten sind entscheidend für das Hervorbringen von Problemen als auch für das Hervorbringen von Lösungen" (Jäpelt, 2009, S. 79).

Die Haltung der verantwortlichen Akteure aktiviert das Innovationspotenzial einer Region. Damit Inklusion in Schule erfolgreich gelebt werden kann, muss es gelingen, durch eine zielbezogene Führung aller ein Mitschwingen und ein „In-Bewegung-Bringen" der Akteure einer Region in die angestrebte Entwicklungsrichtung zu erreichen sowie gemeinsam den Mut zu beweisen, miteinander das Risiko einzugehen, Fehler zu machen:

1.6 Fehler sind willkommene Informanten!

„Fehlschläge sind der Beginn für neue Fragen und Einsichten" (Arnold, Gómez-Tutor & Kammerer, 2003, S. 115). Diese Feststellung ist schlicht und bestechend zugleich: Sie macht deutlich, dass wir gerade im inklusiven Schulentwicklungsprozess bei der klaren Zielperspektive „Inklusion gelingt!" an Irrwegen und Umwegen nicht vorbei kommen und den richtigen Weg nur im Gehen finden werden. Dort, wo strukturelle Bedingungen (noch) nicht hinreichend geklärt sind, wird es notwendig sein, situationsadäquate Lösungen zu leben, auch wenn sie nur eine kurze Halbwertzeit haben. Zu warten, bis alle Bedingungen vor Ort einer endgültigen Klärung und entsprechenden Vorbereitung zugeführt werden konnten, ist nicht realistisch.

Kinder und Jugendliche in ihrer ganzen Heterogenität stehen heute vor den Schultüren. Daher ist es heute von größter Bedeutung, dass alle Verantwortungsträger gemeinsam – vielleicht auch unkonventionelle – Lösungen suchen und sich niemand hinter einer Zuständigkeitsdebatte versteckt. Wir sind aufgefordert, für alle Schülerinnen und Schüler jetzt die bestmögliche Chancennutzung in einem inklusiven Setting zu initiieren und zu gewährleisten, ohne „Rezepte" zur Bewältigung dieser hohen Anforderung zur Hand zu haben. Dies kann nicht immer problemlos geschehen:

1.7 Zweifel ernst nehmen, aber nicht verzweifeln!

Für alle Akteure vor Ort ist Transparenz im Prozess eine notwendige Bedingung, um sich als Teil eines Wandels zu erleben und aktiv einbringen zu können. Allerdings ist in Phasen der Instabilität die Sensibilität der Akteure – insbesondere der hoch engagierten, sehr verantwortlich arbeitenden Menschen – extrem hoch. Eine klare Bewusstmachung von Phasen der Stabilität und Instabilität ist daher eine zentrale Aufgabe. Grundsätzlich ist daher dem Prinzip: „Sei schonungslos aufrichtig und offen mit Informationen!" zu folgen, da es das höchste Maß an Transparenz – auch hinsichtlich der noch vorliegenden „Baustellen" – gewährleistet und im Sinne einer Verantwortungsgemeinschaft alle zu Beteiligten macht.

1.8 (Auch kleinere) Fortschritte bzw. Erfolge wahrnehmen und gemeinsam feiern!

Als Motor und wesentliches Erfolgskriterium einer nachhaltig arbeitenden Partnerschaft und Verantwortungsgemeinschaft, die nicht nur auf der formalen

Ebene bleibt, ist es dringend empfohlen, (auch die kleinen) Fortschritte auf dem Weg zu einer inklusiven Schullandschaft innerhalb einer Region bewusst zu reflektieren, und dies vielleicht sogar gemeinsam, mit Teilnahme und Mitwirkung aller Beteiligten, ehrlich zu feiern. Wie oft bedeuten Schulfeste für Schulleitung, Kollegium, auch Schülerinnen und Schüler und ggf. sogar Eltern nicht mehr als eine Menge Arbeit, die regelmäßig erledigt werden muss, und in deren Genuss am ehesten diejenigen kommen, die am wenigsten in den Schulalltag involviert sind. Wie wäre es, wenn die Gemeinde mit der Schule feiert, was gemeinsam erreicht werden konnte? Ähnliches gilt im Kleinen: Warum nicht feiern, wenn eine Schülerin/ein Schüler, eine Kollegin/ein Kollege, ein Unterrichtsteam oder das gesamte Kollegium ein Entwicklungsziel gemeinsam meistern konnten?!

Eine gemeinsame Verantwortungsübernahme über die Grenzen des Schultores hinaus ist erforderlich, um für jede einzelne Schülerin und für jeden einzelnen Schüler ein Bedingungsgefüge zu schaffen, in dem gemeinsames Leben und Lernen gelingen kann.

1.9   Gemeinsam statt einsam!

Wocken (2012) skizziert für Lehrkräfte auf dem Weg zu einer inklusiven Schule in Bezug auf ihre Schülerschaft die Herausforderung, dass sie nicht mehr nur auf „viele Schüler" oder „verschiedene Schüler", sondern nun auf „viele verschiedene Schüler" treffen. Seine „unstrittige, einvernehmliche Antwort" (ebd., S. 142) auf dieses Problem lautet: „Ein einzelner Lehrer kann es nicht!" (ebd.). Diese Aufgabe bedarf einer professionsübergreifenden Vernetzung; eine im Einzelkämpfertum verhaftete Schule wird die Aufgabe nicht meistern können (Ebel, Hollenbach & Müncher, 2012). Lehrkräfte müssen lernen, in Teams zu arbeiten und Unterrichtsmodelle zu nutzen, die es den Lehrkräften ermöglichen, einzelne Schülerinnen und Schüler während des Unterrichts zu beobachten und zu unterstützen.

Gleiches gilt für die gemeinsame Verantwortung über den Unterricht hinaus: Schulen, Schulträger und Schulaufsicht müssen in einem Verständigungsprozess Orientierungspunkte setzen, die einerseits den Anspruch an alle Akteure in ihren jeweiligen Rollen verdeutlichen und andererseits Unterstützungsoptionen überprüft. Begehbare ‚Inklusions-Wege' werden nur durch das Losgehen vor Ort – in der jeweiligen Einzelschule und unterstützt und getragen durch ein sozialräumliches Netzwerk – zu finden sein.

2. (Sozialräumliche) Vernetzungen schaffen

Im Sinne einer gemeinsamen Verantwortungsübernahme sollte sich jede Leitungsperson innerhalb einer Region fragen: „Was kann ich, kann mein System an Stärken, Unterstützung und Ermutigung in den Prozess einbringen, damit alle Kinder und Jugendlichen aus dem Einzugsgebiet einer Schule dort einen angemessenen und guten Lern- und Lebensraum vorfinden?" Der Index für Inklusion, aber auch andere Schulentwicklungsinstrumente (z.B. die Externe Schulevaluation des Kanton Aargau) weisen auf die Notwendigkeit hin, regelmäßig zu reflektieren und zu evaluieren, wie weit und auf welche Weise sich die entwickelnde Organisation ihren Zielen angenähert hat. Vernetzung ist dabei auf verschiedenen Ebenen und in verschiedenen Professionen notwendig:

2.1 Vernetzung innerhalb des Systems Schule

Heterogenität ist auf der Ebene des pädagogischen Personals nicht nur im Unterrichtsgeschehen notwendig, sondern auch außerhalb des Klassenraums: Vor- und Nachbereitung des Unterrichts, Klärung von Unterstützungsangeboten für Schülerinnen und Schüler, Weiterentwicklung der eigenen pädagogischen Praxis: All dies muss für- und miteinander in Teams geschehen. Das führt immer wieder zu der Frage, in welchem Rahmen diese Teamabsprachen und -prozesse stattfinden sollen. Eine Präsenzzeit für alle pädagogischen Mitarbeiterinnen und Mitarbeiter einer Schule bzw. in größeren Systemen eines Jahrgangs- oder Stufenteams an bestimmten Wochentagen ist der organisatorische Rahmen, der von der Schulleitung geschaffen werden muss, um eine interne Vernetzung systemisch zu ermöglichen.

Bedenkenswert ist, dass in einer Schule mit einer Schülerschaft, die im Unterricht und in außerunterrichtlichen Situationen ggf. individuelle Unterstützung benötigt, nicht nur Lehrkräfte in die Verantwortung des schulischen Geschehens eingebunden sind: (Sozial-)pädagogische, therapeutische und pflegerische Fachkräfte sowie Integrationshelferinnen und -helfer bzw. Schulbegleiterinnen und -begleiter müssen unbedingt mit ihrer jeweiligen Expertise in die Gestaltung des Unterrichts und des Schullebens miteinbezogen werden, sind sie doch unter Umständen phasenweise enger „am Kind/am Jugendlichen", als dies für die Lehrkräfte mit der Verantwortung für die gesamte Klasse gilt.

Lienhard-Tuggener, Joller-Graf & Mettauer Szoday (2011) bezeichnen drei Dimensionen der Kooperation, die im schulischen Geschehen zu beachten sind: die kindbezogene, die unterrichtsbezogene sowie die themenbezogene Zusammenarbeit. Sicherlich hängt es von den aktuellen Anforderungen ab, welcher Dimension aktuell mehr oder weniger Zeit und Arbeit gewidmet wird – jedes Team sollte aber regelmäßig überprüfen, ob und wo ggf. ein Missverhältnis be-/entstehen könnte.

Ergänzend können klassenübergreifende professionelle Lerngemeinschaften (Bonsen, 2010) auf der Grundlage kollegialer Hospitation Unterricht miteinander reflektieren, individuelle Berufsziele können gemeinsam verfolgt und ausgewertet, die eigene Arbeit evaluiert und weiterentwickelt werden (Eschelmüller, 2013). Gerade vor dem Hintergrund der Unwägbarkeiten auf dem unsicheren Terrain einer inklusiven Schulentwicklung (s.o.) bedarf es immer wieder der gegenseitigen Stärkung, ggf. auch institutionalisiert und systematisiert durch Kollegiale Fallberatung oder Supervision (Erbring, 2012). Dies zu fördern und zu ermöglichen stellt eine weitere Anforderung an Schulleitungshandeln dar. Auch die Schulleitung benötigt insbesondere im Kontext einer inklusiven Schulentwicklung Unterstützung in der persönlichen „Kulturtechnik Reflexion" (Reichel & Svoboda, 2008), um die Vorbildfunktion für eine reflexive Lernkultur im Team einer Schule grundzulegen.

Wesentlich ist, dass das Selbstverständnis der Schulgemeinde als lernendes System auch auf den Ebenen der verschiedenen Teams (Klassenteam, Unterrichtsteam, Jahrgangs-/Stufenteam, Schulleitung, Kollegium etc.) verinnerlicht und umgesetzt wird: „Lernende Organisationen sind auf Teams angewiesen, die miteinander kooperieren, indem sie beginnen, miteinander zu denken und nicht gegeneinander bestimmte Überzeugungen durchsetzen wollen" (Werning, 2012, S. 55). Dies ist an vielen Stellen noch schwer, weil allgemeine und sonderpädagogische Lehrkräfte mit ihren je eigenen professionellen Expertisen, Berufsbildern, beruflichen Biografien und Sozialisationen sowie Überzeugungen bzgl. der Unterstützung von Schülerinnen und Schülern aufeinander treffen und miteinander arbeiten sollen, ohne dass Rollen und Aufgaben geklärt sowie die Kompetenzen der jeweils anderen Kraft kennengelernt und wertgeschätzt werden konnten. Dafür muss unbedingt Gelegenheit geschaffen werden. Hier ist es Aufgabe der Schulleiterin oder des Schulleiters, für Rollen- und Aufgabenklarheit zu sorgen.

Die Vernetzung von professionellen Akteuren einer Schule, die hinsichtlich der Unterstützung von Schülerinnen und Schülern über das allgemeine Maß hinaus qualifiziert sind (wir verstehen darunter Lehrkräfte mit Qualifikationen z.B. zu den Themen LRS, Autismus, Hochbegabung, Deutsch als Zweitsprache, aber auch sonderpädagogische Lehrkräfte, sozialpädagogische Fachkräfte u.a. als Experten für individuelle Unterstützung), ist unerlässlich (s. dazu auch „Zentren für unterstützende Pädagogik" in Bremen). Hier können Lehrkräfte Klärung und Beratung finden, wenn sie an die Grenzen ihres Wissens und Könnens gestoßen sind. Sowohl die Förderung des Expertenwissens im Rahmen der Personalentwicklung als auch die Einrichtung dieses Expertenteams als vertikale Teamstruktur können ein Element einer inklusiven Schulentwicklung sein.

2.2 Schule als Teil einer kommunalen Familie

So wenig wie eine Lehrkraft alleine der heterogenen Schülerschaft einer inklusiven Klasse genügend begegnen kann, so wenig kann eine Schule alleine den Bedürfnissen ihrer Schülerinnen und Schüler gerecht werden, ohne dass sie sich als wirklich „geöffnet" in den Sozialraum und ggf. darüber hinaus versteht: „Eine inklusive Schule versteht sich als Teil einer inklusiven Gemeinde" (Wocken, 2012, S. 133). Dazu gehören: „Die Eltern, Eltern- und Fördervereine, die Träger der Jugendhilfe, Schul- und Sozialbehörde, Verkehrspolizei und lokale Presse, Sport- und Freizeitvereine, vorschulische Einrichtungen, Berufsschulen und Ausbildungsbetriebe, und nicht zuletzt Kinderärzte und therapeutische Dienste. Inklusive Pädagogik bezieht neben Familie und Schule die Nachbarschaft als ‚dritten Sozialraum' (Dörner, 2007) konzeptionell in ihre Arbeit ein und macht sich das bürgerschaftliche Engagement für Schulentwicklungsprozesse zunutze. Gütemaßstab eines inklusiven Unterrichts ist also eine sozialräumliche Vernetzung von Bildungsprozessen" (Wocken, 2012, S. 133f.).

Dies nicht zuletzt auch deshalb, damit „die Schule [als] ein Gemeinschaftswerk aller Beteiligten [wahrgenommen wird], die mit- und füreinander Verantwortung übernehmen: Die Schule als ‚Polis'" (von der Groeben, 2011, S. 185).

Zunehmend wichtig wird die gemeinsam verantwortete pädagogische Arbeit von Jugendhilfe und Schule, nicht nur im Bereich der Schulsozialarbeit, sondern auch im Sinne einer die Familien und Schüler bzw. Klienten vor Ort unterstützenden lösungsorientierten Verantwortungsgemeinschaft im Sozialraum.

Dabei gilt es zunächst Unklarheiten zu bearbeiten: Die Akteure der Schule müssen sich über die rechtlichen Möglichkeiten und Grenzen der Jugendhilfe informieren (lassen), es muss ein Bewusstsein über sprachliche Unterschiede z.B. bzgl. des Bildungsbegriffs der beteiligten Professionen geschaffen werden, und neue Wege auch in verwaltungsrechtlichen Zusammenhängen müssen versucht werden (so z.B. das Modellprojekt im Bereich Schulassistenzen im Landkreis Osterholz/Niedersachsen). Dabei wird ein wesentlicher positiver „Begleiteffekt" des inklusiven Schulwandels deutlich: Ernsthaft bemüht, müssen sich die verschiedenen Professionen zusammensetzen und gemeinsam nach Handlungsmöglichkeiten für neu in den Blick zu nehmende Schnittmengen traditionell klar getrennter Zuständigkeitsbereiche suchen, und können dabei die Unterschiedlichkeit der einzelnen Expertisen wertschätzen.

Eindrücklich geschieht dies in sogenannten Fall-Clearingstellen, in denen die Situation von Schülerinnen und Schülern in einem institutionalisierten, multiprofessionellen Team von allgemeinen und sonderpädagogischen Lehrkräften, Mitarbeitenden der Jugendhilfe, des Gesundheits- und Sozialamtes, des schulpsychologischen Dienstes, des Schulträgers und der Schulaufsicht gemeinsam beleuchtet und individuelle Unterstützungsmöglichkeiten beschlossen werden (so z.B. in der Stadt Münster).

Wichtig scheint es zu sein, ein festes systematisches Netz zu konstituieren, dass sich flexibel mit den Bedürfnissen von Kindern und Jugendlichen auseinandersetzt und entscheidungsbefugt ist. Im Rahmen des Kompetenzzentrums für sonderpädagogische Förderung in der Stadt Ennigerloh wurde der „Arbeitskreis Frühe Hilfen" ins Leben gerufen, in dem alle für die Arbeit mit, an und für Kinder/n und Jugendliche/n wesentlichen Akteure

- ihre Kenntnisse über die Aufgaben, Ziele, Konzepte, Abläufe und Strukturen der Einrichtungen vor Ort erweitern,
- sich fachlich austauschen und gemeinsam fortbilden,
- an der eigenen Bekanntheit und Erreichbarkeit arbeiten,
- sich über Risikofaktoren und Gefährdungsindikatoren austauschen,
- die Meldewege bei Gefahrenlagen kennenlernen und
- Vereinbarungen zu Schwellenwerten und Präventionsketten bei Kindeswohlgefährdungen treffen (Terbrack, 2011).

Darüber hinaus können sich hier die betroffenen Professionellen auch über aktuelle Problemlagen z.B. in bestimmten Straßenzügen o.ä. austauschen.

Andere Beispiele für gelingende sozialräumliche Zusammenarbeit im pädagogischen Zusammenhang sind etwa das Projekt „BEN" (Bildungs- und Erziehungsnetzwerk Milte/Einen/Müssingen), das sich zum Ziel genommen hat, unter Einbezug der Akteure des Sozialraums die frühkindliche Bildung zu verbessern und damit auch den Übergang zwischen Tageseinrichtung und Grundschule besonders effektiv zu gestalten, oder das „Telgter Modell", in dem Unternehmen und Schulen in der Stadt Telgte bereits frühzeitig kooperieren, um Einblicke in verschiedenste Berufsfelder zu verschaffen, praktische fachorientierte und fächerübergreifende Unterrichtsangebote zu ermöglichen, Eltern zu informieren, Ausbildungsplätze in Betrieben vor Ort zu vermitteln etc.

2.3 Brüche vermeiden durch bewusste Gestaltung von Übergängen

Sowohl die Einschulung als auch der Übergang in die Sekundarstufe I stellen sensible Phasen in der Entwicklung eines Kindes dar, in denen es von einem vertrauten sozialen Umfeld in ein neues, weitgehend unbekanntes System wechselt. Man muss davon ausgehen, dass in den ersten Schulwochen in dem jeweiligen neuen System die Weichen für die Entwicklung des Selbstkonzeptes und des begleitenden Selbstwertgefühls eines Schülers bzw. einer Schülerin entscheidend gestellt werden. Daher sind die abgebende und die aufnehmende Institution zur Sicherstellung der Kontinuität für jedes einzelne Kind verpflichtet.

Eine gute Förderung der Kinder setzt sowohl die Kenntnis über das Bildungsverständnis, das pädagogische Programm und die Arbeitsweise der jeweils anderen Institution, als auch über die Stärken und Unterstützungsbedarfe der einzelnen Schülerinnen und Schüler voraus. Eine Orientierung an den Belangen der Kinder erfordert eine besondere Aufmerksamkeit der abgebenden und aufnehmenden Institution und das gemeinsame Suchen nach Möglichkeiten zur Unterstützung. Die Erzieherin bzw. Lehrkraft der abgebenden Institution sollte daher selbstbewusst auf das aufnehmende System zugehen: „Ich bin mit dem Kind vertraut und kenne seine Stärken und seinen Unterstützungsbedarf. Ich begleite und unterstütze das Kind in dieser sensiblen Phase der Entwicklung. Ich weiß um meinen Erfahrungsvorsprung und bringe meine Erfahrungen ein, indem ich die nun das Kind aufnehmende Lehrkraft berate." Ebenso selbstbewusst sollte die aufnehmende Lehrkraft auf das abgebende System zugehen: „Ich nutze den Erfahrungsvorsprung der Erzieherin/des Erziehers bzw. der abgebenden Lehrkraft und berate mich mit ihr/ihm. Ich habe das Kind, das in meine Klasse kommt, kennengelernt. Ich weiß um seine Stärken und seinen Unterstützungsbedarf. Ich heiße das Kind in dem neuen System willkommen und ermögliche ihm bewusst Könnenserfahrungen."

Strukturell könnte die Kontinuität durch eine gegenseitige Hospitation, durch verbindlich im Jahresplan verankerte Beratungsgespräche zwischen abgebendem/r Erzieher/in bzw. Lehrkraft und aufnehmender Lehrkraft – unter Berücksichtigung der datenschutzrechtlichen Vorgaben – abgesichert werden. Bei Bedarf sollte die Einberufung eines „Runden Tisches" mit Vertretern aller im Sozialraum vernetzten Institutionen einberufen werden: Ziel ist es, das Kind gemeinsam in den Mittelpunkt der pädagogischen Bemühungen zu stellen um ihm die Unterstützung zukommen zu lassen, derer es bedarf.

Selbstverständlich sollten auch die jeweiligen Fachkräfte auf einer lokalen oder regionalen Ebene mit den „Spezialisten" anderer Schulen vernetzt sein, um sich weiter zu qualifizieren:

2.4   Vernetzung von Akteuren gleicher Profession

Was innerhalb des Systems Schule gilt, gilt gleichfalls für gleiche Professionen verschiedener Schulen. Sei es die Schulleitung oder die für die Schulentwicklung verantwortliche Steuergruppe, seien es die sonderpädagogischen Lehrkräfte oder die allgemeinen Lehrkräfte im Gemeinsamen Lernen – vernetzen sie sich mit ihresgleichen aus der Region, können sie nur gewinnen: Ideen zur Schul- und Unterrichtsentwicklung können so ausgetauscht und Kontakte zur gegenseitigen Hospitation und kollegialen/fachlichen Beratung geknüpft werden; darüber hinaus kann es hilfreich sein zu merken, dass die erlebten Herausforderungen an vielen Schulen im Prozess bestehen. Neben Angeboten der Schulaufsicht (z.B. die „Qualifizierungsforen für Lehrkräfte im Gemeinsamen Lernen" des Schulamtes für den Kreis Warendorf) wird es als hilfreich erlebt, wenn Professionelle, die merken, dass „die Chemie stimmt", sich zur gemeinsamen Erarbeitung und zu (Fall-)Beratungen verabreden.

3.   Schlussbetrachtung

Ohne Zweifel ist die Herausforderung, die durch eine inklusive Schulentwicklung entsteht, immens und ein Ende (noch) nicht abzusehen. Eine inklusive Schulentwicklung wirkt als Katalysator von unabhängig von ihr entstandenen Entwicklungen (Ausbau von Ganztagsschule, Veränderung der Lehreraus-/-fortbildung und Lehrerrolle, Tendenz zu integrierten Schulsystemen, massive Veränderungen der Kindheit und Jugend), zeigt aber auch zunehmend Problemlagen im Bildungs- und Sozialbereich auf (Orientierung an Bildungsstandards, Beibehaltung segregierender Schulsysteme, wachsende Kinderarmut, Aufspaltung von Hilfeleistungen auf unterschiedliche Kostenträger).

An den Ansprüchen an diese Entwicklung können Verantwortliche verzweifeln. Fakt ist aber: Die Kinder und Jugendlichen sind da, und wir sind gefordert, sie bestmöglich zu unterstützen. Mit Wertschätzung orientiert an den Stärken und Ressourcen der einzelnen Menschen. Zwischendurch sicher auch mal enttäuscht und entmutigt. Aber gemeinsam! Denn: „Zweifel, Unsicherheiten und Krisen fördern erstaunliche Ergebnisse zutage, wenn die eigene Zuversicht und das Zutrauen anderer überwiegen" (Kahl, 2011, S. 115).

Literatur

Aldejohann, R. (2013). *Festvortrag zur Eröffnung des Regionalen Fortbildungszentrums der Bezirksregierung Münster am Standort Stift Tilbeck*. Unveröffentlichtes Manuskript.

Arnold, R., Gómez Tutor, C. & Kammerer, J. (2003). Selbstlernkompetenzen als Voraussetzung einer Ermöglichungsdidaktik – Anforderungen an Lehrende. In R. Arnold & I. Schüßler (Hrsg.), *Ermöglichungsdidaktik. Erwachsenenpädagogische Grundlagen und Erfahrungen* (S. 108–119). Baltmannsweiler: Schneider Verlag.

Boban, I. & Hinz, A. (Hrsg.) (2003). *Index für Inklusion – Lernen und Teilhabe in Schulen der Vielfalt entwickeln*. Halle-Wittenberg: Martin-Luther-Universität.

Bonsen, M. (2010). Schulleitung als Unterrichtsentwickler. In H.-G. Rolff, *Führung, Steuerung, Management* (S. 99–132). Seelze: Friedrich Verlag.

Ebel, C., Hollenbach, N. & Müncher, A. (2012). Inklusion hat viele Gesichter: Schule auf dem Weg zum Gemeinsamen Unterricht. In Bertelsmann-Stiftung, Beauftragter der Bundesregierung für die Belange behinderter Menschen, Deutsche UNESCO-Kommission & Sinn-Stiftung (Hrsg.), *Gemeinsam lernen – Auf dem Weg zu einer inklusiven Schule* (2. Aufl.) (S. 110–137). Gütersloh: Verlag Bertelsmann Stiftung.

Erbring, S. (2012). Die Zeit sollte man sich nehmen: Reflexion und Supervision. In mittendrin e.V. (Hrsg.), *Eine Schule für alle. Inklusion umsetzen in der Sekundarstufe* (S. 338–343). Mülheim an der Ruhr: Verlag an der Ruhr.

Eschelmüller, M. (2013). Unterrichtsentwicklung mit Unterrichtsteams in integrativen Schulen. In R. Werning & A.-K. Arndt (Hrsg.), *Inklusion. Kooperation und Unterricht entwickeln* (S. 125–148). Bad Heilbrunn: Klinkhardt.

Jäpelt, B. (2009). Sonderpädagogische Professionalität im Gemeinsamen Unterricht – SonderpädagogInnen als BeraterInnen – ein Zukunftsentwurf. In S. Börner, A. Glink, B. Jäpelt, D. Sanders & A. Sasse (Hrsg.), *Integration im vierten Jahrzehnt. Bilanz und Perspektiven* (S. 73–85). Bad Heilbrunn: Klinkhardt.

Kahl, R. (2011). *Individualisierung – Das Geheimnis guter Schule.* Gütersloh: Bertelsmann Stiftung.

Lienhard-Tuggener, P., Joller-Graf, K. & Mettauer Szoday, B. (2011). *Rezeptbuch schulische Integration. Auf dem Weg zu einer inklusiven Schule.* Bern: Haupt Verlag.

Reichel, R. & Svoboda, U. (2008). *Selbstverantwortung fördern. Individuelles Lernen begleiten.* Linz: Veritas.

Riecke-Baulecke, T., Helmke, A., Köller, M., Köller, O. & Baulecke, I. (2007). *SchulleitungPlus. Schule und Unterricht erfolgreich gestalten.* München: Oldenbourg Verlag.

Rolff, H.-G. (2007). *Studien zu einer Theorie der Schulentwicklung.* Weinheim und Basel: Beltz Verlag.

Sommer-Stumpenhorst, N. (2012). *Auf die Schulleitung kommt es an. Schulleiterfachtag Inklusion.* Unveröffentlichtes Manuskript. Haus Nottbeck, Oelde.

Terbrack, G. (2011). *Prävention und sozialräumliche Orientierung am Beispiel der Lokalen Netzwerke Frühe Hilfen und Schutz.* Verfügbar unter http://alt.franz-hitze-haus.de/file.php?file=/Praevention%20Jugendamt%20WAF%2025-05-11.ppt&type=down [23.07.2014].

UN-Konvention über die Rechte von Menschen mit Behinderungen. Verfügbar unter http://www.un-konvention.rlp.de [04.03.2014].

von der Groeben, A. (2011). *Verschiedenheit nutzen. Besser lernen in heterogenen Gruppen* (2. Aufl.). Berlin: Cornelsen Scriptor.

Vygotskij, L. S. (2002). *Denken und Sprechen.* Weinheim und Basel: Beltz Verlag.

Werning, R. (2012). Inklusive Schulentwicklung. In V. Moser (Hrsg.), *Die inklusive Schule. Standards für die Umsetzung* (S. 49–61). Stuttgart: Kohlhammer.

Wocken, H. (2012). *Das Haus der inklusiven Schule. Baustellen – Baupläne –Bausteine* (3. Aufl.). Hamburg: Feldhaus Verlag.

Autorinnen und Autoren

Prof'in Dr. Bettina Amrhein
Professorin für Inklusion und Bildung, Institut für Erziehungswissenschaft, Abt. Angewandte Erziehungswissenschaft, Stiftung Universität Hildesheim
bettina.amrhein@uni-hildesheim.de

Marita Determann-Schacht
Fortbildungszentrum der Bezirksregierung Münster, Standort Stift Tilbeck, Havixbeck
Marita.Determann-Schacht@bezreg-muenster.nrw.de

Kathrin Fels
Lehrerin am Annette-von-Droste-Hülshoff-Gymnasium Münster
Lehrerin Villa Interim
kathrin.fels@gmx.net

Prof. Dr. Christian Fischer
Institut für Erziehungswissenschaft, Abt. Schulpädagogik/Schul- und Unterrichtsforschung, Westfälische Wilhelms-Universität Münster; wissenschaftlicher Leiter des Landeskompetenzzentrums für Individuelle Förderung NRW
ch.fischer@uni-muenster.de

Norbert Hartmann
Lehrer an der Richard-von-Weizsäcker-Schule, Förderschule der Stadt Münster
Leiter Villa Interim
hartmann.ms@versanet.de

Sabine Hettinger
Referentin Inklusion in der Ev.-luth. Landeskirche Hannovers
Diakonisches Werk evangelischer Kirchen in Niedersachsen
sabine.hettinger@diakonie-nds.de

Alice Lennartz
Schulamtsdirektorin, Schulamt für die Stadt Münster, Generalie Inklusion
Lennartz@stadt-muenster.de

Dr. William Middendorf
Leiter der Hauptabteilung Schule und Erziehung im Bischöflichen Generalvikariat Münster; Lehrbeauftragter am Institut für Erziehungswissenschaft, Westfälische Wilhelms-Universität Münster
middendorf-w@bistum-muenster.de

Ilona Ocko M.A.
Koordinatorin des Gemeinsamen Lernens der Bezirksregierung Münster
Fortbildungszentrum der Bezirksregierung Münster, Standort Stift Tilbeck, Havixbeck
ilona.ocko@bezreg-muenster.nrw.de

Julia Pappas
Lehrerin an der Betty-Hirsch-Schule, Stuttgart
juliapappas@hotmail.com

Professor Dr. Ewald Terhart, Dipl. Päd.
Professur für Erziehungswissenschat mit dem Schwerpunkt Schulpädagogik/ Allgemeine Didaktik
Westfälische Wilhelms-Universität Münster
ewald.terhart@uni-muenster.de

Prof. Dr. Annette Textor
Professur für Empirische Schulforschung
Arbeitsschwerpunkte: Inklusion, Didaktik, Schul- und Unterrichtsentwicklung und Schultheorie, Universität Bielefeld
annette.textor@uni-bielefeld.de

Volkhard Trust
Schulleiter der Matthias-Claudius-Gesamtschule Bochum
volkhard.trust@mcs-bochum.de

Marcel Veber
Abgeordnete Lehrkraft am Institut für Erziehungswissenschaft; Abteilung Schulpädagogik/Schul- und Unterrichtsforschung (Arbeitseinheit Prof. Dr. Christian Fischer), Westfälische Wilhelms-Universität Münster
marcel.veber@uni-muenster.de

Jens Wehrmann
Koordinator Inklusion, Schulamt für den Kreis Warendorf
inklusion-schulen@kreis-warendorf.de